기도와 응답 중간사

기도와 응답 중간사

지은이 | 윤치연
초판 발행 | 2024. 11. 20
등록번호 | 제1988-000080호
등록된 곳 | 서울특별시 용산구 서빙고로65길 38
발행처 | 사단법인 두란노서원
영업부 | 2078-3333 FAX | 080-749-3705
출판부 | 2078-3331

책 값은 뒤표지에 있습니다.
ISBN 978-89-531-4962-5 03230

독자의 의견을 기다립니다.
tpress@duranno.com   http://www.duranno.com

두란노서원은 바울 사도가 3차 전도여행 때 에베소에서 성령 받은 제자들을 따로 세워 하나님의 말씀으로 양육하던 장소입니다. 사도행전 19장 8-20절의 정신에 따라 첫째 목회자를 돕는 사역과 평신도를 훈련시키는 사역, 둘째 세계선교(TIM)와 문서선교(단행본·잡지) 사역, 셋째 예수문화 및 경배와 찬양 사역, 그리고 가정·상담 사역 등을 감당하고 있습니다. 1980년 12월 22일에 창립된 두란노서원은 주님 오실 때까지 이 사역들을 계속할 것입니다.

기도와 응답 중간사

내 인생에 예수 오실 길이 닦이는 시간

윤치연

두란노

차례

기도와 응답 사이를
살아가는 우리를 위한 안내서

저의 오랜 기도 제목이 없었다면 이 책 제목도 나오지 않았을 것입니다. 구약과 신약 사이, 즉 신구약 중간사 동안 이스라엘 백성은 하나님이 침묵하셨다고 생각했습니다. 하나님의 침묵은 이스라엘 역사에만 나오는 것이 아닙니다. 기도와 응답 사이에도 중간사가 있습니다. 기도와 응답 사이에 우리도 하나님의 침묵을 경험할 때가 있습니다. 그때 어떻게 살아야 하는지 의문이 있었습니다. 응답이 없는 현실을 내내 슬퍼하며 지내야 하는지, 기도하면 들으시니 현실과 상관없이 항상 기뻐하며 살아야 하는지.

기도와 응답 중간 시기를 어떻게 살아야 할지에 대해 하나님이 가르쳐 주신 것이 있습니다. 성도는 일생 기도하고 응답받기까지, 그 사이의 시간을 살아가는 사람입니다. 신구약 중간사 동안 하나님은 침묵하신 것이 아니라 계획이 있으셨던 것처럼, 저의 기도와 응답 중간사에도 하나님의 계획이 있습니다. 그리고 응답이 없는 그 기간에 하나님은 말씀으로 나를 변화시키십니다. 말씀을 들을 때 하나님은 나를 하나님의 사람으로 바꿔 가십니다. 기도와 응답 사이에 하나님께 초점을 맞추고 그 시간을 견뎌 내는 것이 믿음입니다.

많은 성도가 기도해도 변하지 않는 현실을 보며 낙심과 절망에 휩싸입니다. 성경에도 그런 시간을 지낸 사람이 있습니다. 바로 하박국입니다. 결국 나라가 망했으니 그의 인생은 실패였을까요? 아닙니다. 민족의 현실을 생각하면 눈물이 흐르나, 주님의 계획을 들을 때 그는 주님을 찬양할 수 있었습니다. 울 수밖에 없는 현실이지만 주님이 알려 주시는 주님의 계획이 있습니다. 이해하지 못할 때라도 주님은 계속 다음 단계를 말씀해 주십니다.

하박국의 인생이 실패한 것이라면 그에게 계획을 알려 주시고 그를 바꿔 가신 하나님이 실패하신 것입니다. 그러나 그런 일은 없습니다. 그러므로 기도와 응답 중간 시기를 살아가는 성도는 실패자가 아닙니다. 지금 중간사를 지나고 있을 뿐입니다.

역사는 중간사로 끝나지 않습니다. 하나님은 중간사 이후의 역사에 대한 계획을 갖고 계십니다. 우리에게는 '언제까지?'라는 시간의 길이가 중요하나, 하나님은 '때가 차매' 예수님을 보내시고 구속을 이루셨습니다. 처음부터 하나님이 계획하셨고, 선지자들을 통해 계속 말씀하셨던 일입니다. 그 과정 동안 예수 오실 길을 닦는 일들이 이루어지는 것입니다.

오늘도 기도하고 응답을 기다리는 많은 성도가 기도와 응답 중간사를 지나는 동안 낙심하지 말고 끝까지 가기를 소망하는 마음으로 나눕니다. 하나님이 계획을 말씀해 주시고, 계속 말씀을 주시고, 변화시켜 가실 것을 믿습니다.

2024년 11월
윤치연 목사

PART

1

기도와 응답 사이에
하나님의 계획이 있다

1장

왜 기도와 응답 사이에 중간사를 두시는가

어느 해인가 온누리교회 수요여성예배 때 종이비행기에 각자의 기도 제목을 적어서 주님께 올리는 심정으로 날린 적이 있습니다. 그 후 모아 놓은 기도 제목들을 보면서 제 마음에는 많은 의문이 들었습니다. 기도 제목의 1위가 믿지 않는 가족의 구원이었고, 2위가 자녀의 결혼이었습니다. 교회에 나와서 예배드리는 성도들의 기도 제목이 가족이 예수 믿기를, 자녀가 결혼하기를 바라는 것인데 이 기도 제목들은 하나님이 원하시는 바와 다를까 하는 궁금증이 생겼습니다.

기도 제목을 읽다 보니 많은 분이 오랜 세월 기도해 왔다는 사실을 알 수 있었습니다. 왜 그 기도 제목들은 그처럼 오래 이루어지지 않았을까요? 악한 정욕으로 드리는 기도도 아닌데 말입니다. 그것은 저 자신의 의문이기도 했습니다. 제게도 똑같은 기도 제목이 있었습니다. 오랫동안 가족이 하나님 알기를, 자녀가 결혼하기를 기도해 왔습니다. 이것도 하나님이 원하시는 바가 아닙니까?

이렇게 기도와 응답 사이의 긴 시간을 이해하지 못하면 기도하다 낙심해 기도를 멈추게 될 것입니다. 그러나 하나님이 왜 기도와 응답 사이에 중간사를 두시는지 알게 된다면 소망을 가지고 계속 기도할 수 있습니다.

신구약 중간사, 예수의 초림을 준비하신 기간

먼저 신구약 중간사란 무엇인가요? 구약성경의 마지막 책인 말라기의 배경은 분명 페르시아 제국이었습니다. 그런데 신약성경의 첫 번째 책인 마태복음의 배경은 로마 제국입니다. 말라기와 마태복음 사이에는 무려 400여 년의 시간이 있습니다. 이 시기의 역사를 '신약 중간사'라고 부릅니다. 말라기에서 마태복음 사이의 기나긴 시간 동안 기록된 하나님의 말씀이 없고, 선지자가 나타나지 않았다는 의미에서 '침묵기' 혹은 '암흑기'라고 부릅니다.

이스라엘 백성은 하나님이 이 긴 시간 동안 침묵하셨다고 생각했습니다. 하지만 역사의 주관자이신 하나님은 아무 일도 안 하신 것이 아닙니다. 역사는 흘러가고 있었습니다. 역사는 진공 상태에서 이루어진 적이 한 번도 없습니다. 하나님은 하나님의 경륜을 따라 역사를 이어 가고 계셨습니다.

신구약 중간기에 강대국들의 교체가 있었습니다. 바벨론을 망하게 한 페르시아는 알렉산더(Alexander) 대왕에 의해 망하고, 그리스가 들어섰습니다. 알렉산더 대왕이 죽은 후 네 개의 왕국으로 분열되었고, 셀류쿠스(Seleucus) 왕조 때 마카비 혁명(Maccabean Revolt)이 일어나 유대는 독립했습니다. 130년간 유대를 다스리던 하스몬(Hasmon) 가문은 로마에 의해 멸망당했고, 헤롯(Herod) 가문이 로마의 허락 아래 유대인의 왕이 되었습니다. 그 후 200년간의 '팍스 로마나'(Pax Romana), 즉 로마의 평화 시대가 시작되었습니다.

이제 신약으로 들어섭니다. '팍스 로마나'라고 하지만 유대 신앙을 가진 일반 이스라엘 대중은 거대한 로마 제국의 정치적 압제와 친로마 세력의 경제적 수탈과 바리새파의 세속화와 정통성도 없는 헤롯 왕가의 폭정과 400여 년간 계속된 영적 암흑기로 인해 메시아 대망 사상이 극에 달해 있었습니다. 바로 그때 예수 그리스도가 오셨습니다. 그러니까 신구약 중간사는 메시아이신 예수님의 오심을 준비하는 시대였습니다. 메시아가 오셔야 한다고 부르짖는 환경에까지 이르게 되어, '때가 차매' 메시아가 오신 것입니다. 정치와 법률과 도로는 로마의 시스템으로, 철학과 문화와 언어는 헬라(그리스)의 콘텐츠로 통일된 그 시점에 예수님이 오신 것입니다.

하나님은 다니엘서에서 이미 이 계획을 말씀하셨습니다. 느부갓네살왕의 꿈에 나타난 신상을 통해 바벨론, 메대와 페르시아, 그리스와 로마까지 세상 역사의 흐름을 나타내셨습니다. 미래는 하나님께 속해 있으며, 하나님께 세상을 향한 마스터플랜(master plan)이 있다고 알려 주셨습니다. 영원할 것 같았던 바벨론과 로마 같은 세상 나라는 허망하게 무너지고, 산 돌이신 그리스도로 인해 하나님 나라가 영원히 견고하게 서는 것이 하나님의 계획입니다.

신구약 중간 시기에 헬라어가 만국 공통어가 되었기에 신약성경이 헬라어로 쓰여져 복음을 전 세계에 전할 수 있었습니다. 구약성경역시 헬라어로 번역된 《70인역》이 나와서 히브리어를 모르는 헬라인들까지 구약을 이해할 수 있게 되었습니다. 신약과 구약 사이에 예수오실 길이 닦임으로 예수께서 오셨습니다. 기도와 응답 사이, 예수 오실 길이 닦이고 내 삶에도 예수께서 오십니다.

신구약 중간사를 통해 하나님의 침묵은 결코 침묵이 아님을 알게되었습니다. 하나님께는 계획이 있습니다. 침묵기처럼 보였지만 메시아가 오셔야 한다고 부르짖는 환경에까지 이르게 되어 예수 오실길이 닦인 것처럼, 하나님은 내 삶에도 완벽한 환경을 만드시고 가장적합한 때가 되면 주려고 계획하셨습니다. 그 하나님이 믿어집니까?

"어느 때까지?"라는 질문과 하나님의 '호라'

우리 모두에게는 이루어지지 않은 기도 제목들이 있습니다. 성경에도 오랜 시간 기도 응답이 없어 고통받은 사람이 있습니다. 공의가 무너진 나라를 위해 하나님 앞에 나아간 선지자, 바로 하박국입니다. 아무리 기도해도 나라는 달라지지 않았습니다. 부정부패와부조리가 판을 쳤고 공의가 무너졌습니다. 하박국은 이런 시대를 바라보며 왜 기도가 응답되지 않느냐고 하나님께 항의했습니다.

합1:2 여호와여 내가 부르짖어도 주께서 듣지 아니하시니 어느 때까지리이까 내가 강포로 말미암아 외쳐도 주께서 구원하지 아니하시나이다

"어느 때까지리이까?" 하박국은 아무리 기도해도 결과가 보이지 않자 낙심했습니다. 하박국은 요시야왕의 개혁으로 갱신된 유다를 경험한 선지자였습니다. 그러나 요시야의 뒤를 이은 여호야김왕은 유다를 개혁 이전으로 되돌려 놓았습니다. 부정부패가 만연했고, 공의가 무너졌으며, 불의와 부조리가 판을 쳤습니다. 율법이 해이해졌고 공의가 시행되지 못했습니다. 하박국은 시대를 바라보며 하나님께 항의했습니다.

하박국과 같이 우리 안에도 질문이 있습니다. '이 문제는 언제까지입니까?', '우리 가정은 언제까지입니까?', '이 나라는 언제까지입니까?' 기도하면 응답이 있어야 하는데 내 생각보다 시간이 지체되면 '주께서 기도를 듣지 않으시는가 보다'라고 생각합니다.

하나님은 질문하는 하박국에게 자신의 뜻을 나타내 보이셨습니다.

합1:6 보라 내가 사납고 성급한 백성 곧 땅이 넓은 곳으로 다니며 자기의 소유가 아닌 거처들을 점령하는 갈대아 사람을 일으켰나니

바벨론을 들어 유다를 심판하신다는 말씀이었습니다. 당시 바벨론의 느부갓네살왕은 이집트를 무찌르고 근동의 패권자가 되었습니다. 바벨론은 이스라엘도 압박하기 시작했습니다. 에루살렘 성전이

무너지기 20년 전이었습니다. 하박국이 "언제까지 부르짖어야 합니까?"라고 질문했을 때 하나님은 바벨론이 쳐들어와서 유다를 심판할 것이라 하셨습니다. 자기의 생각과 너무도 다른 하나님의 계획을 들은 선지자는 하나님의 다음 말씀을 기다리기로 작정했습니다.

> 합2:1 내가 내 파수하는 곳에 서며 성루에 서리라 그가 내게 무엇이라 말씀하실는지 기다리고 바라보며 나의 질문에 대하여 어떻게 대답하실는지 보리라 하였더니

우리에게도 하나님께 전하고 싶은 우리의 큰 짐들이 있습니다. "왜입니까? 언제까지입니까?"라고 묻고 싶은 기도 제목들이 있습니다. 해가 바뀌어도 해결되지 않는, 몇 년이 흘러도 변화가 오리라는 보장이 없는 문제들이 있습니다.

다음 말씀을 기대하는 하박국에게 하나님은 말씀해 주셨습니다.

> 합2:2-3 여호와께서 내게 대답하여 이르시되 너는 이 묵시를 기록하여 판에 명백히 새기되 달려가면서도 읽을 수 있게 하라 이 묵시는 정한 때가 있나니 그 종말이 속히 이르겠고 결코 거짓되지 아니하리라 비록 더딜지라도 기다리라 지체되지 않고 반드시 응하리라

"묵시"는 하나님의 계시를 가리킵니다. 하나님은 이 묵시는 정한 때가 있다고 말씀하셨습니다. 구원을 계획하시고 집행하시는 하나님

께는 정한 때가 있습니다. "정한 때"에서 '때'는 헬라어로 '카이로스'입니다.

신약성경을 기록한 헬라어는 시간을 나타내는 단어들이 세분화되어 있습니다. 헬라어로 때를 나타내는 단어는 주로 네 가지입니다. '크로노스'와 '카이로스'와 '호라'와 '헤메라'입니다. '크로노스'는 일반적인 달력의 시간, 역사의 시간을 의미합니다. '카이로스'는 사건의 시간입니다. 우리의 역사 속에 개입하시는 하나님의 시간을 뜻합니다. 또한 '호라'는 적기, 최상의 때, '헤메라'는 날 또는 매일을 뜻하는 단어입니다. 하나님의 정하신 때인 '호라'가 '카이로스'의 시점이 될 때 그 일이 이 땅에 임하게 됩니다.

바벨론이 망하기로 작정된 하나님의 정하신 때, '호라'가 있습니다. 그 일이 이 땅에 이루어지는 시점은 '카이로스'입니다. 70년이 지나야 하는 것은 '크로노스'입니다. "언제까지 부르짖어야 합니까?"라고 하박국이 질문했듯, 우리는 '크로노스'로 반응합니다. 신앙생활이 힘든 것은 '크로노스'를 견디지 못하기 때문입니다. "반드시 응하리라"라고 하나님이 말씀하셨듯, 하나님께는 작정된 때가 분명히 있음을 믿는 것이 믿음입니다. 즉 '호라'가 있음을 믿는 것이 믿음입니다. '호라'를 믿고 있을 때 하나님이 약속하신 말씀이 어느 날 '카이로스'로 내 삶에 임하는 것을 보게 됩니다.

저도 오랫동안 응답되지 않는 기도 제목을 놓고 하나님께 불평한 적이 있습니다. "제가 몇십 년을 기도했는데, 기도를 하나도 하지 않고 살아온 사람과 결과는 똑같습니다. 제 기도가 다 어디로 갔습니까? 하나님이 제 기도를 들으신 것이 맞나요? 계속 기도해야 하는 것 맞나요?" 하며 하나님 앞에서 불평하며 탄식할 때 하나님은 차이가 있다고 말씀하시는 것 같았습니다. '호라'가 있음을 알고 사는 사람과 '호라' 같은 하나님의 작정에 대해 아무 인식 없이 사는 사람은 차이가 있다고 하셨습니다.

시간에 대해 하나님이 작정하신 때인 '호라'가 있다는 것을 아는 사람은 "반드시 응하리라"라는 말씀을 믿습니다. 그 믿음으로 살 수 있습니다. 그럴 때 어느 날 '카이로스'로 임하는 결과를 반드시 보게 될 것입니다. 그래서 하나님은 하박국 선지자에게 이 묵시를 기록하라고 하셨습니다. 달려가면서도 읽을 수 있게 기록해야 하는 이유는 이 말씀이 전해져야 하기 때문입니다. 70년이 지나는 동안 믿음이 희미해지기 때문에 기록된 말씀을 믿는 사람만이 그 말씀이 이 땅에 임하는 것을 보게 됩니다.

구원을 이루시기까지 믿음으로 인내하는 삶

그렇다면 하나님이 약속하신 시점부터 성취까지, 기도와 응답 사이의 긴 시간을 어떻게 견뎌야 할까요?

합2:4 보라 그의 마음은 교만하며 그 속에서 정직하지 못하나 의인은 그의 믿음으로 말미암아 살리라 바벨론의 침략으로 많은 사람이 극한 고통을 겪으며 절망 속에서 살아갈 테지만, 오직 하나님을 신뢰하는 믿음을 가진 자들은 하나님이 그들을 구원하실 때를 기다리며 믿음에 근거한 신실한 삶을 살 것이라는 뜻입니다.

하박국은 세상에서 들려오는 소식들에 절망했습니다. 개혁했던 유다가 다시 부패하고 타락했다는 소식들이었습니다. 나라가 망하는 것이 당연한 소식들이었습니다. 그는 바벨론이 유다를 심판한다는 하나님의 말씀에 너무도 충격을 받았지만, 그 바벨론도 심판하신다는 말씀에 위로를 얻었습니다. 그래서 하나님이 바벨론이 쳐들어오는 고난 너머의 일을 행하시기를 간구하는 믿음을 보였습니다. 하나님이 즉각 일하지 않으신다고 느끼던 시간에 대한 실망감도 사라지고 패배감도 없어졌습니다.

우리 주위에 "언제까지입니까?" 하며 마음이 무너져 있고 미래를 두려워하는 사람이 있습니까? 정해진 때가 있다는 하나님의 말씀을 들은 하박국의 반응을 보십시오.

합 3:2 여호와여 내가 주께 대한 소문을 듣고 놀랐나이다 여호와여 주는 주의 일을 이 수년 내에 부흥하게 하옵소서 이 수년 내에 나타내시옵소서 진노 중에라도 긍휼을 잊지 마옵소서

부흥이란 죽었다가 다시 사는 것을 뜻합니다. 하나님께 유다 백성을 다시 살리시기를 간구한 것입니다. 부활이란 죽음을 전제로 합니

다. 하박국은 바벨론이 쳐들어 온다고 생각하면 너무도 두려워 그 심정을 이렇게 고백했습니다.

합3:16 내가 들었으므로 내 창자가 흔들렸고 그 목소리로 말미암아 내 입술이 떨렸도다 무리가 우리를 치러 올라오는 환난 날을 내가 기다리므로 썩이는 것이 내 뼈에 들어왔으며 내 몸은 내 처소에서 떨리는도다

바벨론의 멸망은 유다의 포로 생활 70년이 끝날 때쯤에나 있는 일입니다. 그 기간, 죽음의 시간을 지나고서야 부흥이 올 것입니다. "수년 내에 부흥하게 하옵소서." 이것이 우리의 바람이지만 하나님은 70년으로 작정하셨습니다. '7'은 완전수를 나타냅니다. 단지 70년의 시간을 채우면 끝나는 것이 아니라 그 시간 동안 죽었던 자의 회복, 다시 살리시는 구원이 일어난다는 의미입니다. 살 떨리는 일이 있어도 그 일 때문에 구원이 일어날 것임을 믿어야 합니다. 그것이 기도와 응답 중간사를 지나는 성도가 겪어야 하는 일입니다.

그 시간 동안을 어떤 태도로 살아야 합니까? 부활시키실 하나님을 신뢰하는 사람은 죽음을 두려워하지 않습니다. 이 땅에서 죽음 너머의 부활을 삽니다.

하박국 3장은 하박국의 기도입니다. 하박국 3장 1절은 그 기도의 형식을 이렇게 설명합니다.

합3:1 시기오놋에 맞춘 선지자 하박국의 기도라

'시기오놋'은 '식가욘'의 복수형으로, 열광적인 노래를 뜻하는 음악 용어입니다. 하박국은 하나님의 응답을 통해 뜨거워진 마음으로 급하게 변화하는 리듬에 맞춘 듯한 찬양을 드렸습니다. 찬양 마지막 부분을 보십시오.

합 3:17 비록 무화과나무가 무성하지 못하며 포도나무에 열매가 없으며 감람나무에 소출이 없으며 밭에 먹을 것이 없으며 우리에 양이 없으며 외양간에 소가 없을지라도

저는 이 말씀을 가사로 한 찬양을 부를 때마다 마땅치 않았습니다. 우리는 이 찬양을 어떻게 부르나요? "무화과 나~뭇~잎~이~ 마르고~" 하며 손뼉을 치고 아주 경쾌하게 부릅니다. 제게는 '도대체 사람들은 이 찬양의 가사를 진지하게 생각하면서 부르는 것일까?' 하는 의문이 늘 있었습니다. 그러나 3장 1절을 보고서야 의문이 풀렸습니다. 이 찬양을 지은 이는 성경대로, 시기오놋 리듬으로 경쾌하게 작곡했던 것입니다. 이 찬양을 빠르고 열정적으로 부르는 사람은 생각이 없는 게 아니라 믿음이 있는 사람입니다. 그다음 절이 그 이유를 말해 줍니다.

합 3:18 나는 여호와로 말미암아 즐거워하며 나의 구원의 하나님으로 말미암아 기뻐하리로다

이것이 믿음으로 사는 의인의 모습입니다. 바벨론이 쳐들어와 생계에 필요한 것들마저 궁핍해지는 극한의 상황이 벌어질 것입니다. 하나님이 악한 바벨론을 사용하시는 이유가 있습니다. 이 백성의 죄는 바벨론이 뒤집어엎어야 끝나기 때문입니다. 죽어야 부활이 있습니다. 죽을 것 같은 문제가 있을 때 그것으로 끝인 것 같습니다. 그러나 그 안에서 죽을 때 비로소 살게 됩니다. 하나님이 정하신 때에 하나님의 백성을 죽음에서 부활시키십니다. 하나님의 정하신 때 '호라'가 '카이로스'의 시점이 될 때 그 일이 일어나는 모습을 볼 것입니다. 역사는 하나님의 시간표대로 움직여 갑니다.

하나님의 백성이 끝내 붙들어야 할 것은 구원이 되시는 하나님입니다. 18절에는 "여호와로 말미암아", "하나님으로 말미암아" 등 "말미암아"가 두 번 나옵니다. 참된 기쁨은 무화과나 포도나 올리브나 소나 통장이나 부동산이나 학벌이나 직장으로부터 오는 것이 아니라 여호와로 말미암아 오는 것입니다. 하박국은 "하나님만 함께하신다면 나는 하나님을 인하여 기뻐하겠다"고 고백한 것입니다. 여기서 '기뻐하겠다'라는 동사는 의지를 나타냅니다. 의지적으로 즐거워하고 기뻐할 것을 결단했습니다.

하박국은 처음에는 주님께 낙담과 두려움을 털어 놓았습니다. 우리도 기도를 시작할 때 낙담하고 두려워하며 하나님 앞에 나아옵니다. 그러나 주님의 말씀을 들은 후에는 두려운 중에도 의지적으로 주님을 기뻐하며 찬양하겠다고 결단합니다. 저는 이 찬양을 부를 때마다 무화과나무가 무성하지 못하며, 포도나무에 열매가 없으며, 감람

나무(올리브나무)에 소출이 없으며, 밭에 먹을 것이 없으며, 우리에 양이 없으며, 외양간에 소가 없을지라도, 그리고 그 뒤에 무엇이 없어도 나는 구원의 하나님으로 인해 기뻐할 수 있다고 고백할 수 있는지를 생각합니다. '내 건강을 잃어도, 내 시간을 희생해도, 내 몸이 힘들어도….'

무엇이 없으면 살 수 없을 것 같습니까? 어떤 것이라도 구원의 하나님을 대신할 수 없습니다. 그래서 기도와 응답 중간 시간을 지나며 우리는 구원의 하나님이 구원을 이루시기까지 인내하는 것입니다.

2장

하나님의 다스리심을 방해하는 것들

요즘 주위를 보면 병환 중인 부모님을 병원에 모시고 다니는 분들이 많습니다. 우리는 이 일을 '부모님 사역'이라고 부릅니다. 직접적인 시간의 헌신, 몸의 헌신, 재정의 헌신으로 삶이 타격을 받기 때문에 우리는 당장 시급한 육체의 문제만 해결하려 합니다. 그러나 하나님은 부모님의 영혼 구원에 관심이 있으십니다. 육체의 건강을 잃었을 때 눈이 열려 영혼의 상태를 돌아보게 되는 것이 은혜입니다.

하박국 선지자는 '무화과와 포도와 올리브가 없다면 우리는 살 수 없을 텐데'라고 생각했다가 '이 백성이 이대로 가다가 하나님이 떠나시는 것이 더욱 큰일이다'라는 진리를 깨달았습니다. 그래서 바벨론이 침략해 그 잔인한 세력 아래 죽을 고생을 할 것을 생각하면 비록 눈에서 아픔과 슬픔의 눈물이 흐르지만, 그 일로 구원의 하나님을 다시 찾을 생각을 하면 기뻐할 수 있었습니다. 세상이 알 수 없는 평안과 기쁨을 누린 것입니다. 그것이 기도와 응답 중간사를 지날 때의 신비입니다.

하나님의 계획이 있다

세상에서는 두려움을 일으킬 수많은 부정적인 이야기들이 들려오고 있습니다. 사람들은 세상에 닥쳐올 일들을 예상하고 무서워서 떱니다. 미래에 대한 온갖 부정적인 이야기들을 두려워하지 맙시다. 우리 하나님이 지금 바로 여기에 우리와 함께 계시며, 미래에도 마찬가지이기 때문입니다. 내 삶에 대한 하나님의 계획이 있습니다. 예수님은 온갖 재앙과 세상의 종말에 관한 제자들의 구체적인 질문에 이렇게 답해 주셨습니다.

눅 21:9 난리와 소요의 소문을 들을 때에 두려워하지 말라 이 일이 먼저 있어야 하되 끝은 곧 되지 아니하리라

정해진 때가 있다는 것입니다. 재앙의 때에 주님께 나아와 묻는 자들은 답을 얻습니다. 말씀해 주시는 주님의 음성은 조용하지만 그 내용은 명쾌하고 구체적입니다. 불확실성의 시대에도 모든 일을 섭리하시는 하나님이 계시고, 하나님께는 정해진 계획이 있다는 사실을 믿으십시오. 기대와 소망이 있기에 기쁨이 있습니다. 몸이 아파도 예수가 있으면 소망이요, 돈이 없어도 예수가 있으면 소망입니다. 그

러나 몸이 성하고 자산이 넉넉해도 예수가 없으면 불안이요 두려움
입니다.

하나님의 눈을 통해 바라볼 때 이 세상의 적대적인 환경이나 일들
에 초점을 맞추지 않게 됩니다. 하나님은 기도하는 사람에게 부흥을
소망하게 하십니다. 오늘 두려움을 느끼는 이유는 미래가 두렵기 때
문입니다. 그러나 하나님께는 작정된 미래가 있습니다. 하나님은 그
사실을 우리에게 말씀해 주십니다. 포기한 채 사는 것과 소망을 가지
고 사는 것은 완전히 다릅니다.

저는 불투명한 아들의 미래를 생각하다 세상에서 들려오는 말들
에 힘겨워 울며 낙심했었습니다. 언젠가 밤잠을 이루지 못한 채 울고
수요여성예배에 나왔을 때입니다. 새해 첫 예배라 말씀 카드를 뽑는
시간이 있었습니다. 성도님들이 말씀 카드를 다 가져가시고 남은 카
드 중 하나를 집어 들었습니다. 저는 큐티할 때 하나님이 주시는 말
씀이 있기에 말씀 카드 뽑는 것을 크게 기대하지 않았습니다. 그런데
그날 주신 말씀은 시편 5편 11절이었습니다.

시5:11 그러나 주께 피하는 모든 사람은 다 기뻐하며 주의 보호로 말미
암아 영원히 기뻐 외치고 주의 이름을 사랑하는 자들은 주를 즐거워하
리이다

'기뻐한다'(즐거워한다)는 말이 세 번이나 나왔습니다. 하나님이 제
가 기뻐하지 못하고 슬퍼하는 것을 아셨습니다. 말씀을 보는 순간, 이

번에는 다른 눈물이 터져 나왔습니다. 나의 현재를 아시는 하나님은 나의 미래도 아십니다. 하나님이 작정하신 계획과 때가 있습니다. 정해진 때가 있다는 것은 그 일이 반드시 일어난다는 뜻입니다. 하나님은 작정하신 계획을 반드시 이루십니다. 믿음이란 세상이 어떻게 진행되어 가든 간에 하나님만이 세상을 주관하시고 통치하시는 분임을 고백하는 것입니다.

'몇 년이 지났는데…. 이렇게 오래됐는데…' 하고 낙심하는 까닭은 영생을 알지 못하기 때문입니다. 영생이란 영원히 산다는, 시간의 길이나 숫자에 관한 문제가 아닙니다. 하나님의 생명을 말합니다. 영생한다는 것은 하나님의 생명으로 사는 것을 말합니다. 하나님의 생명은 차원이 다릅니다.

엘리야가 이스르엘까지 아합의 마차 앞에서 달려간 것도 영생을 사는 것입니다. 사르밧 과부가 한 번 먹을 밀가루와 기름으로 가뭄이 끝날 때까지 먹은 것도 영생을 경험한 것입니다. 다윗이 골리앗을 이긴 싸움도 영생을 경험한 것이요, 여리고성에서의 승리도 영생을 맛본 것입니다. 하나님께는 천년이 하루 같고 하루가 천년 같다는 말씀도 영생을 말하는 것입니다. 보리떡 다섯 개와 물고기 두 마리로 5천명이 먹은 것도 영생을 맛본 것입니다. 기도의 사람 조지 뮬러(George Müller)가 고아들을 위한 기도 응답을 5만 번이나 받은 것도 영생의 삶을 산 것입니다. 돈이 얼마가 있고 없는 차원을 떠나 하나님의 생명이 이끌어 가는 삶을 산 것입니다.

우리는 자신의 한계에 갇혀 삽니다. '내 나이가 몇 살이니까' 하고 포기하는 것도 영생을 생각하지 않고 나에게 초점을 맞추는 것입니다. '내 아이 등수가 몇 등이니까' 하고 아이의 장래를 제한하는 것도 영생을 생각하지 않는 것입니다. '내 재정이 얼마밖에 안 되니까' 하고 가능성을 제외해 버리는 것도 영생을 모르는 것입니다.

자신의 기도 제목을 생각해 보십시오. 영생으로 이해하고 있는지, 내 수준으로 제한하고 있는지 말입니다. 우리는 내 수준을 뛰어넘는 일이나 차원이 다른 일을 받아들이기가 어렵습니다. 저는 날마다 시간을 쪼개며 살고 있습니다. 옛날에는 해야 할 일들이 많아서 부담이 있을 때는 기도 시간을 줄이고 대신 해야 할 일을 했습니다. 그런데 영생의 삶을 깨닫고부터는 '나는 영생을 사는 사람이다!'라고 선포하며 먼저 주님 앞에 앉습니다. 우리는 물리적 시간으로 사는 생명이 아닙니다. 새로운 피조물, 이제 하나님의 생명으로 사는 존재가 되었습니다.

삶은 선택에 달려 있다는 진리

하나님은 하나님의 생명으로 사는 자의 마음에 날마다 말씀의 씨앗을 뿌리십니다. 씨앗을 받을 때는 열매가 보이지 않으나, 땅이 그 씨앗을 받아 품을 때 비로소 열매를 볼 수 있습니다. 우리는 말씀 가운데서 하나님의 계획을 알게 됩니다. 하나님 나라는 농부이신 하나님이 말씀을 뿌리시고 그 결실을 기대하시는 나라입니다.

이스라엘의 밭은 대부분 석회암 산지 위에 계단식으로 개간해서 만든 테라스 농경지였습니다. 그래서 밭에는 좋은 땅과 가시덤불과 바위와 길가가 섞여 있었습니다. 1세기 이스라엘 사람들에게 네 종류의 밭은 일상에서 매일 경험하는 현실이었습니다. 네 종류 밭은 별개의 밭이 아니라, 한 밭에 있는 다양한 땅의 상태를 의미합니다.

이른 비가 오면 농부들은 쟁기질을 해서 이 척박한 땅을 뒤엎었습니다. 그것을 성경에서는 '묵은 땅을 기경한다'고 표현합니다. 그리고 농부들은 씨앗을 심는 것이 아니라 넓게 흩뿌렸습니다. 그러다 보면 어떤 씨는 좋은 땅에, 어떤 씨는 가시덤불과 바위와 길가에 떨어졌습니다.

우리는 하나님의 말씀을 받는 밭입니다. 예수님은 '네 가지 땅에 떨어진 씨' 비유를 통해 씨를 어떻게 받을 것인가와 밭의 반응에 따라 열매가 달라진다고 말씀하셨습니다.

눅8:18 그러므로 너희가 어떻게 들을까 스스로 삼가라 누구든지 있는 자는 받겠고 없는 자는 그 있는 줄로 아는 것까지도 빼앗기리라 하시니라

씨가 좋은 결실을 맺기 위해서는 자신이 어떠한 마음 밭인가, 즉 어떤 마음과 자세로 말씀을 받는가를 주의 깊게 살펴보라는 말씀입니다. "있는 자"란 하나님의 말씀이 선포될 때 그 말씀을 잘 받아들여 실행하는 자를 뜻합니다. "없는 자"란 하나님의 말씀을 듣고서도, 또한 그 말씀이 중요하다는 것을 인식하면서도 행하지 않는 자를 가리

킵니다.

그런데 없는 자에게 치명적인 함정은 자신에게는 분명히 없는데 있는 줄로 안다는 것입니다. 예수님은 그들을 향해 "그 있는 줄로 아는 것까지도 빼앗기리라"라고 말씀하셨습니다. 실제로 없는 것을 어떻게 빼앗길까요? 사실은 없는데 가지고 있다고 생각하는 자는 결국 그 마음이 더욱더 완악해지고 강퍅해져서 결실하는 삶에서 멀어지게 된다는 뜻입니다.

열매를 맺는가 아닌가는 선포된 메시지, 즉 씨앗에 있는 것이 아니고 그 메시지(씨앗)를 받는 사람이 어떻게 받는가에 달려 있습니다. 네 가지 땅에 떨어진 씨의 비유는 말씀을 받아들이는 자세의 중요성을 강조하며, 우리의 삶은 우리의 선택에 따름을 알려 줍니다.

눅 8:8 더러는 좋은 땅에 떨어지매 나서 백 배의 결실을 하였느니라 이 말씀을 하시고 외치시되 들을 귀 있는 자는 들을지어다

좋은 땅: 말씀을 통해 하나님이 의도하신 열매를 거두는 사람

여기서 "좋은"은 하나님과 사람의 관계를 묘사할 때 사용된 단어입니다. 결실을 맺는 땅은 하나님과 좋은 관계에 있는 땅을 말합니다. 좋은 땅은 어떻게 해서 만들어졌나요? 실제 밭에서 좋은 흙이 있는 곳은 주로 계단식으로 된 밭의 가장 아랫부분입니다. 비가 올 때마다 위에서부터 흙이 쓸려 내려와 쌓이면서 비옥해집니다. 하나님과의 관계에서 쌓이고 쌓인 경험들이 있는 마음을 말합니다. 그 땅은 백 배

의 결실을 맺습니다. "백 배의 결실"이란 농부가 더 이상 바랄 것이 없는 가장 풍성한 수확을 의미합니다.

"좋은"은 선하고 유익한 결실을 얻기 위해 불필요한 것들을 포기할 줄 아는 내면 상태입니다. 그 마음은 말씀 씨앗이 떨어질 때 그 말씀을 굳게 간직하고 인내합니다. 인내란 힘들고 어려운 일이 있어도 선한 소망으로 버티는 마음의 힘을 의미합니다. 인내한다는 것에는 시간이 걸린다는 뜻이 담겨 있습니다. 시간이 흘러도 말씀 씨앗은 생명력을 가지고 있습니다. 우리가 하루하루 살아 내야 하는 삶은 남들이 보기에는 대단하지 않을 수 있습니다. 그러나 말씀 씨앗이 떨어질 때 착하고 좋은 마음으로 그 말씀을 굳게 간직하고 인내한다면, 그 말씀 씨앗은 생명력을 가지고 있기에 시간이 흘러도 농부가 목적한 결실을 맺습니다.

가시덤불 밭: 하나님을 신뢰하지 않는 사람

말씀을 받아들일 만한 마음 밭이 되기 위해서는 씨앗을 받은 자의 내적 투쟁이 필요합니다. 구원이라는 결실, 사명이라는 결실을 맺기 위해서는 자기와의 내적 투쟁을 피할 수 없습니다. 가시덤불이 있는 마음 밭을 보면 어떤 내적 투쟁이 있어야 결실을 맺을 수 있는지 알 수 있습니다. 가시덤불이 잘 자라는 땅은 사실 좋은 땅이라는 뜻입니다. 다만 뿌려진 씨앗이 싹이 트기도 전에 가시덤불이 먼저 자리 잡고 있다는 것이 문제입니다.

가시덤불은 기후가 건조한 팔레스타인 지역에서는 흔히 볼 수 있는 식물입니다. 사람의 손길이 닿지 않거나 밭을 열심히 돌보지 않을 때 돋아나 사계절 내내 무성하게 자라면서 점차 그 영역을 넓혀 가는, 생존력이 매우 강한 식물입니다. 땅은 좋으니 씨를 뿌리면 뿌리가 깊이 내릴 조건은 충분합니다. 예수님은 이 가시덤불이 세상의 걱정과 부와 쾌락이라고 말씀하셨습니다.

눅8:14 가시떨기에 떨어졌다는 것은 말씀을 들은 자이나 지내는 중 이생의 염려와 재물과 향락에 기운이 막혀 온전히 결실하지 못하는 자요

"기운이 막혀"라는 단어에는 '목 졸라 죽이는, 질식시키는'이라는 뜻이 있습니다. 이 밭은 씨가 뿌려지기 전에 이미 가시덤불이 무성합니다. 그래서 말씀 씨앗이 떨어질지라도 이미 있는 가시덤불 때문에 그 마음에서 말씀이 자라지 못하고 질식해 죽고 맙니다. 예수님은 가시덤불 밭을 어떻게 생각하셨습니까? "이 세상의 걱정과 부와 쾌락에 사로잡혀서 자라지 못하고"(눅 8:14, 우리말성경)라고 하셨습니다. 이 표현에 쓰인 단어를 보면, 가시덤불의 기운에 사로잡혀서도 씨앗은 자라기 위해, 앞으로 나아가기 위해 자기 나름대로 최선을 다해 애쓴다는 것을 알 수 있습니다. 그러나 결국 가시덤불이 더 힘이 세서 씨는 열매를 맺지 못합니다.

가시덤불 밭 같은 마음은 나름대로 신앙생활을 잘해 보려고 노력하지만 스스로를 다스리지 못하는 마음과 절제하지 못하는 욕심으로 인해 결국 열매를 맺지 못합니다. 이 세상 걱정과 부를 이루려는 마음과 나를 즐겁게 하려는 욕망이 이미 자기 삶의 방식이 되었습니다. 아무리 말씀을 들어도 이미 자리 잡은 삶의 방식과 이 세상의 가치관이 내 안에 들어온 말씀을 질식시켜 버립니다.

결국 그 마음 밭이 어떤 종류인지는 뿌려진 씨앗으로 알 수 있습니다. 가시덤불 마음은 하나님이 살아 계신 주권자이심을 교회 안에서는 받아들이지만 실제 삶의 현장에서는 인정하지 못합니다. 그래서 하나님에게서 받은 부르심의 열매를 맺지 못합니다. 하나님이 주권자이심을 인정하지 못하면 하나님이 나의 문제들에 대해 계획을 가지고 다스리신다는 사실을 믿지 못합니다. 그래서 스스로가 자기 삶의 주체가 됩니다.

스스로가 자기 삶의 주체가 되는 것이 왜 문제가 될까요? 자기 삶을 스스로 책임질 때 나타나는 특징이 세 가지 있습니다. 바로 염려와 부와 쾌락에 사로잡히는 것입니다. '염려'는 마음이 분명한 방향을 잡지 못하고 상황에 따라 이리저리로 끌려다녀 분열되는 것을 의미합니다. '부'는 가득 차서 넘치는 상태를 나타냅니다. 이미 가진 것에 만족하지 못하고 점점 더 많은 것을 움켜쥐려는 탐심입니다. 있는데도 만족하지 못하고 더 요구하고, 그래서 가득 차 넘치는 것입니다. '쾌락'이란 '즐거움'보다는 '정도에서 벗어난 정욕'의 의미가 더 짙습니다. 이 세 가지가 이미 내 마음을 장악하고 있어서 마음 밭에 떨어진 말씀이 자라나 열매 맺지 못하도록 질식시켜 죽여 버립니다.

이 세상의 걱정과 부와 쾌락에 사로잡혀 사는 것은 범죄가 아닙니다. 이 세상 대부분의 사람들이 사는 삶의 방식입니다. 이렇게 사는 것이 왜 문제일까요? 하나님과 우리 사이의 관계를 방해하기 때문입니다. 좋은 땅은 하나님과 좋은 관계에 있습니다. 가시덤불을 제거하지 못한 땅은 하나님이 내게 주신 사명을 다하기 위해 말씀에 기울여야 할 시간이나 여유를 갖지 못하는 마음을 말합니다.

염려의 예를 들어 보겠습니다. 성경에 염려하느라 말씀에 귀를 기울여야 할 여유를 갖지 못한 인물이 있습니다. 바로 나사로의 누이 마르다입니다. 마르다가 주님이 자기 집에 오셨는데도 주님의 발아래에 앉아 말씀에 집중하지 못한 이유는 염려 때문이었습니다. 염려는 우리의 눈을 주님보다는 상황에 고정시킵니다. '내가 일을 안 하면 누가 하지? 이 사람들의 식사는 어떻게 하지?' 마르다는 그런 염려를 하느라 주님의 말씀에 마음을 기울일 여유가 없었습니다. 그러다 급기야 주님과 사람에게 분노를 터뜨렸습니다.

그런 마르다에게 예수님은 "너는 많은 일로 염려하며 정신이 없구나. 그러나 꼭 필요한 것은 한 가지뿐이다"(눅 10:41, 우리말성경)라고 말씀하셨습니다. 스스로가 삶의 주체가 되어 예수님이 내 삶의 주권자이심을 인정하지 못한 것입니다. 자신이 나서지 않으면 예수님이어도 식사를 못하시게 된다고 생각했습니다. 하나님이 이끌어 가신다는 신뢰가 없기 때문에 염려하는 것입니다. 결국 하나님을 신뢰하지 못한 결과입니다.

저에게도 염려라는 가시덤불이 있습니다. 염려는 내 눈을 주님보다 상황에 집중하게 합니다. 무슨 일이 닥치면 말씀에 집중하지 못하게 합니다. 내 마음이 하나님을 신뢰하지 못한다면 말씀을 통해 하나님을 알아 가야 합니다. 이미 내 마음에 염려가 가득해 말씀이 비집고 들어올 틈이 없다면 타이머를 켜 두고라도 하나님과 시간을 보내야 합니다. 왜냐하면 염려하느라 주님의 발 앞에 앉지 못하기 때문입니다. 말씀을 듣지 못하면 주님을 신뢰할 수도 없기 때문입니다.

드라마 시청이나 인터넷 서핑을 할 때는 타이머를 켜 놓을 필요가 없습니다. 그런데 내 마음에 다른 것이 가득하여 주님의 발 앞에 앉기 힘들다면 타이머까지 동원해야 합니다. 정해진 시간이 다 되어 타이머가 울리기 전까지는 스스로 일어서지 않겠다고 결단하고 앉아서 주님의 말씀을 읽고 묵상하고 기도해야 합니다. 그런 시간들이 쌓여 하나님이 나의 문제들에 대해 계획을 가지고 다스리신다는 사실이 믿어집니다. 그래서 내 삶을 내가 책임지지 않아도 된다는 사실을 알게 되어 염려하지 않게 됩니다.

주님의 말씀을 들을 때 믿음이 자라납니다. 주님의 말씀을 들을 때 주님을 신뢰할 수 있게 됩니다. 걱정과 부와 쾌락은 하나님이 내 삶을 책임져 주신다는 신뢰가 없을 때 자라나는 가시덤불입니다.

하나님의 말씀을 가리켜 '씨'라고 하는 이유는 씨가 생산을 하기 때문입니다. 농부의 의도대로 씨는 밭에 뿌려지고 열매를 맺습니다. 가시덤불 밭이 열매를 맺으려면 말씀 씨앗 안에 농부의 뜻이 있음을 믿어야 합니다. 그런 믿음 위에 걱정과 부와 쾌락 같은 가시덤불은 자라날 수 없습니다. 염려는 아무 열매도 맺지 못할 것입니다. 그러나 씨 안에 있는 하나님의 뜻을 믿는다면 하나님이 뜻하신 나를 향한 열매를 맺게 될 것입니다.

돌밭: 포기하지 못하는 그것으로 넘어지는 사람

바위 같은 마음과 길가 같은 마음에서 '바위'나 '길가'는 표면상으로는 다르지만 사실상 뿌리 내리지 못한다는 점에서는 동일합니다.

눅8:13 **바위 위에 있다는 것은 말씀을 들을 때에 기쁨으로 받으나 뿌리가 없어 잠깐 믿다가 시련을 당할 때에 배반하는 자요**

바위가 있는 밭, 즉 돌밭은 우리가 생각하는 자갈밭이 아닙니다. 팔레스타인 지방에서 흔히 볼 수 있는 석회석 암반 위에 흙이 살짝 덮여 있는 지형을 말합니다. 흙이 얕아서 해가 뜨면 바위가 금세 따뜻해지기 때문에 싹이 빨리 나지만 뿌리를 내릴 토양이 없어 곧 말라 죽습니다. 하나님의 말씀을 기쁘게 받아들이지만 어느 선까지만 하나님의 말씀을 받아들이는 마음을 말합니다. 자기가 정한 선을 넘어 시험받을 때는 자기 포기가 되지 않습니다.

부자 청년은 뜨거운 마음으로 주님을 찾아 달려왔지만 재물을 건드리지 않는 선에서만 복음을 받아들이려 했습니다. 예수님은 그에게 궁극적인 기쁨의 대상이 바뀌어야 한다고 말씀하셨습니다. 그가 재물을 붙잡고 있는 이유가 그 재물이 인생의 기쁨과 만족이기 때문인 것을 주님은 아셨습니다. 그에게는 돈이라는 견고한 바위가 존재했기에 돈과 관련된 문제를 건드리면 말씀을 받아들일 수 없었고, 그래서 말씀이 뿌리 내릴 수 없었습니다.

내 바위가 무엇인가를 알아야 합니다. 건강이나 돈이나 명예나 자녀의 성공 등 사람마다 다를 것입니다. 부자 청년처럼 주께 달려 나왔다가 그냥 돌아가기를 계속 반복할 수 있습니다. 신앙 공동체에도 속해 있다가 나가 버리기를 거듭할 수 있습니다. 포기 못하는 한 가지 때문에 뿌리를 내릴 수 없어 신앙이 자라지 않습니다. 부자 청년은 왜 영생을 필요로 했나요? 자신의 인생을 풍부하게 하고 싶었기 때문일까요? 그런데 주님이 복은 고사하고 살길을 다 내놓으라고 하시니 그 말씀을 받아들일 수 있었겠습니까? 궁극적인 목적이 나를 위한 것이기에 손해가 있을 때 시험에 들고 배반하는 것입니다.

말씀을 듣고 잠시 뜨거워지는 것은 자기만족이지 하나님 나라와는 아무 상관이 없습니다. 자신이 추구하고 요구하는 것을 얻을 때에만 좋아하고 따르는 것입니다. 자기중심적인 신앙은 자신에게 유리하고 이로울 때만 받아들이고, 손해가 될 때는 받아들이지 않습니다. 어떤 결정적인 요구가 있을 때는 신앙도 포기합니다.

자기 마음 밭이 바위라는 것을 다른 사람은 물론 자기 자신도 모를 수 있습니다. 왜냐하면 넘어지기 전까지는 알 수 없기 때문입니다. 자기를 위한 말씀인 줄 알고 기쁨으로 받으나, 포기할 수 없는 것에 부딪히면 받은 말씀을 쉽게 포기합니다. 뿌리가 내려가다가 마는 것입니다. 바위를 부수지 않는 마음으로는 결코 하나님께 전부를 드릴 수 없습니다.

저는 자녀를 내 것으로 생각하는 마음을 포기하기가 힘들었습니다. 아들이 연기하는 것도 싫고, 딸이 선교하는 것도 싫었습니다. 내 것이 아니라 하나님의 것이고, 아이들에게 뿌려진 씨에 하나님의 계획이 있음을 받아들이기 힘들었습니다. 부순 줄 알고 다시 보면 그 아래 견고한 바위가 또 있었습니다. 바위를 부수는 것은 포기 못하는 자아가 죽는 일이기 때문에 고난입니다. 예수님이 말씀하신 '자기를 부인하고 자기 십자가를 지고 주를 좇는 것'이 바위를 부수는 것입니다.

내 마음의 견고한 바위는 언제 부서질까요? 내게 기쁨을 주는 존재로 인해 좌절할 때 부서집니다. 그것이 내게 진정한 기쁨을 주지 못함을 알 때 부서집니다. 어려움이 닥치면 곧 넘어지는 시련의 과정을 거쳐 내게 바위가 있음을 인정하는 것부터가 시작입니다. 내가 가장 기뻐하는 그것으로 어려움이 오나요? 내 기쁨의 대상을 보라는 의미입니다. 주님이 진정한 기쁨이 되시는 마음 밭에서는 진정 주님이 기뻐하시는 열매가 맺힐 것입니다.

길가: 완고하고 딱딱하며 정죄하는 사람

또 한 가지 갈아엎어야 하는 마음은 길가 같은 마음입니다.

눅 8:12 길가에 있다는 것은 말씀을 들은 자니 이에 마귀가 가서 그들이 믿어 구원을 얻지 못하게 하려고 말씀을 그 마음에서 빼앗는 것이요

마귀는 사람이 말씀을 깨닫기도 전에 말씀을 빼앗아 가지 않습니다. 사람이 자신을 위한 말씀으로 받아들이지 않은 채 그대로 둘 때, 길가에 떨어진 씨앗을 공중의 새가 물어 가듯이 가져가 버립니다. 농부가 씨를 뿌릴 때 새들이 그 씨를 주워 먹으려고 떼 지어 달려듭니다. 씨

를 간직하지 않으면 사탄이 따라다니다가 빼앗아 버립니다.

길가 같은 마음은 예수님이 오셔서 말씀을 선포하셨으나 바리새인과 같이 이미 단단하고 완악해져 말씀을 받아들이지 않는 마음입니다. 그들은 교회 안에 있으나 하나님과 관계를 맺지 않습니다. 그래서 하나님을 대적하는 세력이 되었고 예수님을 죽이기까지 했습니다. 교회 안에서 리더의 직분을 감당하고 있을지라도 니고데모와 같이 거듭남 없이 선생을 하고 있을 수 있습니다. 사울과 같이 하나님을 위한다고 열심을 내지만 예수를 죽이는 데 앞장설 수도 있습니다. 스스로 지혜롭게 여겨 하나님의 말씀을 받아들이기 싫어할 때 마귀가 빼앗아 가므로 그의 마음과 사탄, 둘의 상호작용으로 도무지 열매를 맺을 수 없습니다. 이런 마음 위에는 말씀이 떨어져 뿌리를 내릴 수 없습니다.

내게 길가 같은 마음이 있는지 어떻게 알 수 있나요? 말씀 씨앗이 하나도 들어가지 않기 때문에 점점 더 완고해지고 판단하고 비판하고 정죄하고 냉랭한 마음이 가득하고 신앙생활을 해도 행복하지 않게 됩니다. 길가 밭이기 때문입니다.

저도 참 율법적인 사람입니다. 성경에서 누가 저와 가장 비슷한가 보면 바리새인입니다. 저는 말씀 묵상 영상을 매일 유튜브에 올리고 있는데, 아들이 제 큐티 유튜브 영상을 보고 여러 번 한 말이 있습니다. "엄마 큐티는 너무 정죄하고 판단해서 듣기가 힘들어요. 그건 엄마 의견이잖아요." 저는 스스로는 길가 밭이라 생각하지 않기에 그런 말을 들을 때에야 비로소 '지금도 나에게 길가 밭이 있구나' 깨닫게 됩니다. 이 율법적인 마음을 갈아엎어야 합니다. 길가 밭은 어떻게 열매 맺을 수 있을까요?

니고데모가 밤에 예수님을 찾아와 거듭남에 대해 듣고 "어찌 그러한 일이 있을 수 있나이까"라고 묻자 예수님은 "너는 이스라엘의 선생으로서 이러한 것들을 알지 못하느냐"(요 3:10)라고 말씀하셨습니다. 나의 실상에 대해 들어야 합니다. 듣고 지금까지의 삶을 갈아엎어야 합니다. 사도 바울은 다메섹으로 가는 길에 햇빛보다 더 밝은 빛과 음성으로 찾아오신 예수를 만나 그분으로부터 "네가 어찌하여 나를 박해하느냐"(행 9:4)라는 자신의 실상에 대해 들었습니다. 마찬가지로 나의 실상을 듣고 지금까지의 삶을 갈아엎어야 합니다. 바리새인도 변화될 수 있습니다. 길가 밭도 갈아엎을 때 열매 맺을 수 있습니다.

나의 실상을 어떻게 들을 수 있나요? 하나님과 개인적으로 만나야 합니다. 남을 판단하느라 딱딱하고 냉랭하고 굳은 마음에 말씀이 떨어질 때 부인하지 않고 반응해야 합니다. 반응하지 않고 말씀이 겉돌 때 마귀가 와서 그 말씀을 빼앗아 가기 때문입니다. 정죄함, 판단함, 완고함은 마귀가 주는 마음입니다. 마귀가 주는 마음에 순종하지 않아야 합니다. 내 안에 교만과 같이 높아진 마음도 있고, 상처처럼 골짜기 같은 마음도 있다는 사실을 인정하는 것이 필요합니다.

사 40:4 우리말성경 **모든 골짜기는 높이고 모든 산과 언덕은 낮추고 가파른 곳은 고르게 하고 울퉁불퉁한 곳은 평지로 만들라.**

이 말씀은 여호와께서 자기 백성에게로 오시는 길을 준비하는 것에 대한 비유입니다. 말씀 씨앗이 뿌려질 때 가로막는 깊은 골짜기, 산과 언덕, 가파른 곳, 울퉁불퉁한 곳을 갈아엎을 때 그 길로 예수님이 오실 것입니다. 하나님 나라가 임할 것입니다. 예수님이 내게로 오시는 것을 가로막았던 나의 완고함이 사라져 말씀 씨앗 속에 담긴 하나님의 계획과 구원이 이루어지고 사명이 성취될 것입니다.

좋은 땅에 떨어진 씨는 말씀을 듣고 깨닫는 사람입니다. '깨닫다'라는 단어는 원래 '두 개의 사물을 하나로 합치다'라는 뜻입니다. 사람의 생각에 말씀을 결합한다는 의미를 나타냅니다. 자기 마음에 떨어진 말씀에 자기의 판단과 가치관과 사상을 포개어, 하나님이 말씀을 통해 의도하신 합당한 열매를 거두는 것입니다.

시간이 흘러도 말씀 씨앗은 생명력을 가지고 있습니다. 말씀 씨앗 안에는 하나님의 구원 계획이 있습니다. 하나님은 말씀 씨앗 안에 하나님의 계획을 넣어 이루십니다. 하나님을 신뢰하지 못하고, 내 것을 포기하지 못하고, 굳은 마음으로 사는 이유는 그 계획을 모르기 때문입니다.

저는 신앙생활을 하면서 회개가 늘 어렵고 막연했습니다. 내 마음의 상태를 몰랐기 때문입니다. 내 마음 상태를 인정하고, 가시덤불을 제거하고, 바위를 부수고, 길가 밭을 갈아엎는 것은 하나님의 다스리심을 받는 것을 말합니다. 그 과정은 고난으로 나타납니다. 고난이 와도 넘어지지 않으려면 말씀 앞에 내가 드러나야 합니다.

3장

기도했는데도 아무 일도 일어나지 않는 오늘

성경은 노예로 사는 요셉이 형통했다고 기록하고 있습니다.

> 창 39:2-3 여호와께서 요셉과 함께하시므로 그가 형통한 자가 되어 그의 주인 애굽 사람의 집에 있으니 그의 주인이 여호와께서 그와 함께하심을 보며 또 여호와께서 그의 범사에 형통하게 하심을 보았더라

우리가 생각하는 형통은 성공하고 부유해지고 이름이 높아지는 것입니다. 그런데 히브리어에서 '형통'의 뜻은 다릅니다. 즉 하나님의 계획이 나를 통해 성취되는 것을 의미합니다. 지금 고난 중이지만 구원이 이루어지는 과정이라면 그것이 형통입니다. 그래서 비록 요셉이 종노릇을 하고 있지만 그를 통해 하나님의 뜻이 이루어지고 있기에 성경은 형통하다고 말한 것입니다. 요셉을 향한 하나님의 뜻은 구원입니다. 하나님은 요셉을 통해 그의 형제를 구원하고 민족을 구원

하는 구속사를 이루십니다.

요셉의 삶에서 이해되지 않는 일은 또 일어났습니다. 경호 대장의 집에서 노예로 일하던 요셉을 경호 대장의 아내가 날마다 유혹했습니다. 그 일로 요셉은 누명을 쓰고 감옥에 가게 되었습니다. 종노릇하는 것도 기가 막힌데 누명을 쓰고 감옥에 갇힌 요셉은 한마디도 하지 않았습니다. 저 같으면 억울하다고, 저 여자가 나를 유혹했다고, 거짓말이라고, 믿어 달라고 울부짖었을 것입니다. 그러나 요셉은 말이 없었습니다. 견디기 힘든 어려움이 닥치고 사방이 막힌 절망적 상황이었으나 성경에는 요셉의 어떤 반응도 나오지 않습니다. 요셉은 어떻게 그 시간을 견뎠을까요? 이에 대해 말해 주는 구절이 시편에 있습니다.

시 105:17-19 **그가 한 사람을 앞서 보내셨음이여 요셉이 종으로 팔렸도다 그의 발은 차꼬를 차고 그의 몸은 쇠사슬에 매였으니 곧 여호와의 말씀이 응할 때까지라 그의 말씀이 그를 단련하였도다**

17세에 노예로 팔려 가 13년 동안 얼마나 고통스러웠을까요. 하지만 요셉은 말이 없기에 우리는 그가 잘 이겨 냈나 보다 생각합니다. 요셉은 이겨 낸 게 아니라 버텨 냈습니다. "여호와의 말씀이 응할 때까지"라는 말은 '하나님의 뜻이 이루어질 때까지'를 의미합니다. 요셉에게 하나님의 뜻은 꿈으로 주어졌습니다. 하나님의 계획이 이루어질 때까지 요셉에게도 기도와 응답 중간사가 있었던 것입니다.

구원이란 하나님을 믿는 것뿐 아니라 하나님의 다스리심을 받는 것입니다. 예수를 믿기는 하는데 그분이 내 삶을 다스리실 때 순종하는 사람은 적습니다. 저는 이 사실을 알고 많은 의문이 풀렸습니다. 교회와 교회 다니는 사람이 이렇게 많은데 왜 교인들의 삶은 변하지 않는지, 왜 사회와 나라가 더 나빠지는지 깨닫게 되었습니다. 예수님을 믿기는 하지만 그분의 다스리심을 받지 않기 때문입니다. 하나님이 하나님의 뜻대로 인도하실 때 내 생각대로 사는 것이 더 나아 보여 내 생각대로 사는 것입니다.

왜 내 인생에 이해되지 않는 일들이 일어나는 것일까요? 하나님의 뜻이 아니라 내 뜻대로 사는 것을 하나님이 다루시기 때문입니다. 하나님의 뜻이 이루어질 때까지, 그 시간 동안 하나님은 요셉과 형들을 다루셨습니다. 하나님이 "억울해도 조금만 참아라. 곧 좋은 일이 있을 거야" 하고 미리 말씀해 주셨으면 얼마나 좋았을까요? 그런데 아무 말씀도 없으셨습니다. 그래서 훈련 기간에는 하나님을 신뢰하는 믿음이 필요합니다. 하나님의 형통과 내 형통이 다르다면 구원이 이루어지는 것을 볼 수 없습니다.

가족이 나에게 상처를 입혔습니까? 말 못할 억울한 일이 있습니까? 언제까지 기약 없고 희망 없는 시간을 보내야 하나 생각합니까? 자녀에게서, 남편에게서, 아내에게서 계속 문제가 터집니까? 가족의 복잡한 문제 앞에서 막막함과 답답함과 무력감을 느낍니까? 우리 삶은 엉망인 채 그 자리에 있는 것이 아니라 구원의 방향을 향해 나아가고 있습니다. '내 인생에 없었으면' 하는 사건을 통하여 하나님은 우리의 구원 계획을 이루십니다.

요셉은 현실이 꿈과 정반대로 진행되었어도 하나님이 계획을 이루실 것을 믿었습니다. 마침내 하나님은 요셉을 통해 그의 형제를 구원하고 민족을 구원하는 구속사를 이루셨습니다. 내 인생에 이해되지 않는 부분이 있다 해도 구원의 방향으로 가고 있는 것입니다. 구원의 관점에서만 내 인생이 해석됩니다.

요셉은 감옥에서 왕의 관원들을 만나 그들의 꿈을 해석해 주었습니다. 어느 날 바로가 꿈을 꾸고, 요셉이 꿈을 해석하기 위해 왕 앞에 불려 나갔습니다. 요셉은 바로의 꿈을 해석했을 뿐 아니라 꿈에 나타난 일을 해결할 정책까지 제시하는 지혜를 보였고, 바로는 그런 요셉을 애굽의 총리로 임명했습니다.

요셉의 형제들이 머물던 가나안에도 기근이 들어 형들은 곡식을 구하러 애굽까지 오고, 요셉 앞에 엎드려 절하게 됩니다. 형들이 자기 앞에 엎드려 절하는 모습을 볼 때 요셉은 전에 자기가 그들에 관해 꾸었던 꿈이 생각났습니다. 그때에야 자기 삶이 분명하게 해석되었습니다. 하나님의 뜻, 구원을 이해했습니다. 형들이 자기를 판 것이 하나님이 생명을 구하려고 하신 일이며, 자신을 형들보다 먼저 애굽으로 보내신 하나님의 뜻임을 이해하게 된 것입니다.

하나님의 뜻을 알면 내 삶에서 이해되지 않았던 부분들이 이해가 됩니다. 구원의 관점으로만 내 삶이 해석됩니다. 주위를 보면 '인생에서 겪지 않았으면' 하는 일들을 겪은 사람들이 많습니다. 이해되지 않는 그들의 인생을 생각할 때 '하나님의 뜻, 구원을 이루시려고'라는 말이 적용되지 않는 사람이 하나도 없습니다. 하나님이 하나님의 다스리심을 받는 사람으로 만들어 가시는 중입니다.

스키 선수들은 알파인 경기를 할 때 세워 놓은 깃대 사이로 내려갑니다. 지그재그로 피하며 내려갈 때 '부딪히지 말아야지' 생각하고 가는 사람은 깃대만 보이고, '눈길을 따라가야지' 생각하는 사람은 길만 보인다고 합니다. 살면서 이해되지 않는 일들이 수없이 일어납니다. 그때마다 나를 막아서는 깃대만 본다면 길을 찾을 수 없습니다. 그러나 어떤 일을 당해도 나를 향한 하나님의 뜻이 있다고 생각하는 사람은 길에 집중해 끝까지 내려갈 수 있습니다.

하나님의 뜻, 구원에 집중하면 이해되지 않는 일들이 통과됩니다. 하나님의 뜻만 생각하며 갈 때 내 삶에 선하신 하나님의 뜻이 이루어지는 것을 보게 됩니다. 인간의 시각에서 보면, 요셉이 애굽으로 팔려가고 감옥으로 끌려갈 때 그의 삶은 그를 해하려는 사람들에 의해 좌우되는 것 같습니다. 그러나 요셉은 자기에게 일어난 악한 일들을 하나님이 선으로 바꾸사 생명을 구하셨음을 알게 되었습니다. 내 인생에 찾아온 사건들이 비록 악해도 하나님은 악한 일을 선하게 바꾸어 나를 구원하기 원하십니다.

지금 내게 일어나고 있는 일에
하나님의 계획과 목적이 있다

이스라엘 백성이 출애굽하고 시내산에 머문 지 약 1년이 지나 가나안 땅의 경계 지역인 가데스바네아에 도착해 정탐꾼 열두 명을 가나안 땅으로 파견할 때의 일입니다. 가나안 땅은 이스라엘 백성이 출애굽할 때부터 가야 할 목적지였습니다. 모세가 가나안으로 정탐꾼들을 보낸 이유는 '이길 수 있나 없나를 보고 오라'는 것이 아니었습니다. 하나님이 이미 주겠다고 약속하신 땅이니 '어떻게 하면 효과적으로 정복할 수 있나 보고 오기만 하라. 지고 이기고는 끝났다. 그 땅은 이미 우리 것이다'라는 성격의 정탐이었습니다. 그런데 여호수아와 갈렙을 제외한 열 명의 정탐꾼들은 가나안 땅으로 들어가는 것이 불가능하다고 보고했습니다. 이 보고를 받은 출애굽 1세대가 보인 반응을 보십시오.

민 14:1-3 온 회중이 소리를 높여 부르짖으며 백성이 밤새도록 통곡하였더라 이스라엘 자손이 다 모세와 아론을 원망하며 온 회중이 그들에게 이르되 우리가 애굽 땅에서 죽었거나 이 광야에서 죽었으면 좋았을 것을 어찌하여 여호와가 우리를 그 땅으로 인도하여 칼에 쓰러지게 하려 하는가 우리 처자가 사로잡히리니 애굽으로 돌아가는 것이 낫지 아니하랴

그들이 이런 반응을 보인 이유는 '죽을까 봐'였습니다. 그래서 그

들은 "하나님이 우리를 출애굽시키시더니 여기서 죽이시는구나. 출애굽부터가 잘못되었다. 애굽으로 돌아가는 것이 낫겠다"고 했습니다. 하나님이 애굽에서 자기들을 구원하신 일부터 없던 일로 하고 구원받기 이전으로 돌아가는 것이 낫겠다고 한 것입니다. 그들은 하나님의 구원 계획에 대해 아무것도 몰랐습니다. 이 일을 계기로 광야 40년의 오랜 방황이 시작되었고, 출애굽 1세대는 광야에서 다 죽었습니다. 이 사건이 이처럼 큰 의미가 있는 이유는 바로 그들이 하나님의 계획을 알지 못하고 하나님의 경륜에 순종하지 않았기 때문입니다.

성경 전체에 흐르는 주제는 하나님의 경륜과 인간의 순종입니다. '경륜'이란 헬라어로 '오이코노미아'로, '가정'을 가리키는 '오이코스'와 '법'을 의미하는 '노모스' 두 단어로 이루어져 그 뜻이 '가정의 경영'이라 할 수 있습니다. 한 가정을 이끌 때도 경영이 필요합니다. 하나님께 집, 가정이란 어디일까요?

히3:4 집마다 지은 이가 있으니 만물을 지으신 이는 하나님이시라

하나님의 집은 만물 곧 온 세상을 뜻합니다. 누군가 집을 지을 때에는 청사진을 갖고 진행합니다. 하나님이 천지 만물을 창조하실 때도 마찬가지입니다. 그러니까 하나님의 경륜이란 하나님이 세상에 대해 갖고 계신 계획입니다. 하나님이 인류 역사에 대해 가지고 계신 큰 그림(big picture), 청사진이라고 할 수 있습니다. 하나님은 아무런 계획도 없이 즉흥적으로 행하지 않으십니다. 먼저 뜻을 정하시고 그 뜻에 따라 계획을 세우시고, 주권적으로 일을 진행하십니다. 성경은 하나님의 경륜을 보여 주고 있습니다. 우리는 성경을 볼 때 하나님이 인류 역사에 대해 가지신 계획을 알 수 있고, 그 계획에 믿음으로 순종하며 따라간 사람들을 만날 수 있습니다.

우리는 책을 읽을 때 결말이 있다는 사실을 알고 있습니다. 저자가 낸 결말이 책 마지막 부분에 있기 때문입니다. 독자는 중간중간 이해되지 않는 장면이 있어도, 마음 졸이는 대목이 있어도 저자가 책을 시작한 목적대로 결말까지 갈 것을 믿습니다. 성경 첫 장인 창세기 1-2장을 보면 만물이 창조됩니다. 하늘과 땅이 창조됩니다. 성경의 마지막 장인 요한계시록 21-22장을 보면 창조된 만물이 파멸로 끝나는 것이 아니라 새 하늘과 새 땅에서 영원토록 하나님과 함께하는 것으로 끝납니다. 만물을 창조하실 때 하나님의 마음에는 이러한 큰 그림이 있었습니다.

이스라엘을 출애굽시키실 때 하나님의 목적은 출애굽이 아니었습니다. 하나님이 다스리시는 하나님 나라가 되게 하시려는 목적이었습니다. 우리를 향해서도 마찬가지로 구원에서 끝나는 것이 아니라 하나님 나라가 되게 하시려는 목적을 갖고 계십니다.

이스라엘 백성이 그들에 대한 하나님의 계획을 믿었다면 가나안 정탐꾼들의 보고를 들었을 때 정신을 잃을 것이 아니라, '우리를 여기까지 데려오신 분은 하나님이시다. 하나님의 계획은 무엇일까? 나는 어떻게 순종해야 할까?'를 생각해야 했습니다. '정탐꾼들의 보고'라는 오늘 받은 퍼즐 한 조각이 지금까지 그들을 인도해 오신 하나님의 큰 그림 안 어디에 자리하는지를 생각해야 했습니다. 이를 분별할 수 있는 말씀이 있습니다.

딤후 1:7 하나님이 우리에게 주신 것은 두려워하는 마음이 아니요 오직 능력과 사랑과 절제하는 마음이니

두려워하는 마음은 하나님이 주신 것이 아닙니다. 하나님께 계획이 있음을 알게 되면 기도와 응답 중간 시기에 어떤 기도를 드려야 하는지 알게 됩니다. 지금 내게 일어나고 있는 일, 나의 상황에 하나님의 계획과 목적이 있다고 생각해 보십시오. 해석이 되나요? 많은 것이 이해가 됩니까? '그 목적 때문에 지금 이런 시간이 필요한가? 그 때문에 지금 이런 일들이 벌어지는가? 그 때문에 지금 내 배우자(자녀)가 이런가?'라고 생각되나요? 하나님은 하나님 나라를 경영하시는데, 우리가 하나님의 목적에 동의하고 믿음으로 순종하며 책임 있는 행동을 하기 원하십니다.

마틴 루터 킹(Martin Luther King)은 미국의 흑인 인권 운동을 주도했습니다. 그는 "나에게는 꿈이 있습니다"라는 유명한 연설을 했습니다. "나에게는 꿈이 있습니다. 내 아이들이 피부색을 기준으로 사람을 평가하지 않고 인격을 기준으로 사람을 평가하는 나라에서 살게 되는 꿈입니다." 그러나 그는 꿈이 이루어지는 모습을 보지 못하고 극우파 백인의 총에 맞아 사망했습니다. 오늘날 우리는 그의 꿈이 이루어진 것을 봅니다. 그가 살해당한 멤피스의 모텔 벽 장식에 그리스도인들

이 말씀을 새겨 놓았습니다. 요셉의 형들이 요셉을 보고 한 말입니다.

> 창 37:18-20 요셉이 그들에게 가까이 오기 전에 그들이 요셉을 멀리서 보고 죽이기를 꾀하여 서로 이르되 꿈꾸는 자가 오는도다 자, 그를 죽여 한 구덩이에 던지고 우리가 말하기를 악한 짐승이 그를 잡아먹었다 하자 그의 꿈이 어떻게 되는지를 우리가 볼 것이니라 하는지라

그 말의 처음과 끝을 따서 이렇게 새겼습니다. "꿈꾸는 자가 오는도다. 자, 그를 죽여 그의 꿈이 어떻게 되는지를 우리가 볼 것이니라." 비웃음을 당하던 요셉의 꿈은 하나님의 꿈이었고, 하나님은 그 꿈을 이루셨습니다. 마틴 루터 킹의 꿈도 비웃음을 당했으나 하나님의 꿈이었고 마침내 하나님이 이루셨습니다. 우리가 하나님의 꿈을 같이 꾼다면, 중간에 어떤 일이 생긴다 해도 그 꿈이 성취될 것을 믿으며 끝까지 갈 수 있습니다.

사도 바울은 우리가 성경에서 이스라엘 백성의 모습을 주목해야 하는 이유를 광야에서 일어난 일을 들어 다음과 같이 말했습니다.

> 고전 10:11 그들에게 일어난 이런 일은 본보기가 되고 또한 말세를 만난 우리를 깨우치기 위하여 기록되었느니라

그 일은 우리에게 본보기가 되고 말세를 만난 우리를 깨우치기 위해 기록되었습니다. 종말의 시대를 사는 그리스도인으로서 우리는

광야에서 일어난 일로 어떤 깨우침을 받아야 하나요? 시작하신 분이 끝마치신다는 깨달음입니다. 첫 장이 있으면 마지막 장이 있습니다. 큰 그림을 이루는 작은 퍼즐 조각들이 있습니다. 오늘의 퍼즐 한 조각이 큰 그림 안 어디에 자리할까를 생각해야 합니다. 놀라고 당황하기 전에 하나님의 목적과 계획을 생각해야 합니다. 광야의 이스라엘 백성은 그것을 알아야 했습니다. 출애굽시키신 분이 약속의 땅까지 인도하실 것을 믿어야 했습니다.

기도했는데 아무 일도 일어나지 않은 오늘, 어떤 퍼즐 조각 하나를 받았나요? 수많은 정보와 세상의 소리 속에서 누가 그것을 해석하나요? 나는 누구의 말에 권위를 두나요? 하나님의 계획과 목적으로 해석하나요? 지금 내 삶에서 가장 이해되지 않는 일이 무엇인가요? 하나님의 계획 안에 그 일도 있다고 믿습니까?

오늘 내가 왜 이렇게 사는지 궁금합니까? 그 이유는 '하나님의 계획과 목적을 이루려고'입니다. 가정과 직장, 공동체에서 왜 씨름을 하며 살아야 하는지, 그 목적이 무엇인지 모르면 신앙생활을 하면서도 괴롭습니다. 주께서 하시는 일은 무엇이든 선합니다. 왜냐하면 주님이 선한 목적으로 시작하셨기 때문입니다. 히브리서 기자는 광야에서 시험받은 일에 대해 이런 깨우침을 받으라고 말했습니다.

히 3:7-8 그러므로 성령이 이르신 바와 같이 오늘 너희가 그의 음성을 듣거든 광야에서 시험하던 날에 거역하던 것같이 너희 마음을 완고하게 하지 말라 광야에서 거역한 이스라엘 백성의 마음은 완고했습니다. '완고한 마음'은 '굳은 마음'을 말합니다. 말씀을 받지 않는다는 점에서 완고한 마음은 길가 밭과 같습니다. 세상 소리, 사람 소리가 다 지나가서 딱딱해진 마음입니다. 길가에 뿌려진 씨는 흙 속으로 들어가지 못합니다. 사람들이 밟고 다녀 굳어졌기 때문입니다. 기도하면서도 세상 소리에 계속 노출되는 사람에게는 말씀이 들어갈 수 없습니다. 사람들의 말과 요동치는 감정, 두려움, 염려로는 하나님 나라를 이룰 수 없습니다.

히 3:9 거기서 너희 열조가 나를 시험하여 증험하고 사십 년 동안 나의 행사를 보았느니라

히브리서는 이스라엘의 죄악을 두 가지로 말합니다. 여호와를 시험했고 증험했다는 것입니다. 어떤 사람을 시험하는 것은 듣던 대로 정말 그러한가를 증명해 보려는 것입니다. 그러저러한 일을 하겠는지를 시험하는 것입니다. 이스라엘 백성은 하나님을 시험함으로써 말씀하신 대로 하나님이신지를 알아내려 했습니다. 하나님을 신뢰하지 않은 것입니다. 그것은 불신앙입니다.

히 3:10 그러므로 내가 이 세대에게 노하여 이르기를 그들이 항상 마음이 미혹되어 내 길을 알지 못하는도다 하였고

여기에서 '마음이 미혹되었다'는 것은 여기저기를 방황하느라 주의 길을 알지 못하는 것을 의미합니다. 길은 사람들이 다니는 곳입니다. 하나님은 명백한 길을 보여 주셨고 하나님의 행사를 보이셨습니다. 우리는 하나님의 행하심을 통해 주를 신뢰해야 합니다. 길에서 만나는 시련은 우리 마음 상태를 드러냅니다. 시련 때문에 넘어지기보다는 그동안 하나님을 전적으로 의지하지 못했다는 것을 드러냅니다.

히3:11 내가 노하여 맹세한 바와 같이 그들은 내 안식에 들어오지 못하리라 하였다 하였느니라

여기에서 하나님은 가나안을 "안식"이라고 표현하셨습니다. 가나안에 들어감으로써 광야의 모든 시련이 끝날 것이기 때문입니다. "내 안식", 즉 '하나님의 안식'이라고 표현한 것은 가나안에 들어가는 것이 하나님이 이스라엘 백성을 약속의 땅으로 인도하시는 일의 마침이 되기 때문입니다. 안식이란 미래를 안전하게 하려는 내 노력을 그치는 것입니다. 하나님이 이루신다는 말씀을 믿고 내가 스스로 미래를 준비하려 애쓰지 않는 것입니다.

하나님 나라는 하나님이 이루십니다. 하나님께는 하나님 나라를 완성할 계획과 목적이 있기 때문입니다. 시작하신 분이 마치실 것입니다. 이런 믿음이 있는 자들이 마침내 기도와 응답 중간사를 마치고 안식에 들어갑니다. 우리 가정, 우리 자녀, 이렇게 끝나지 않습니다. 왜냐하면 하나님의 목적이 끝나지 않았기 때문입니다.

보이는 세계와 보이지 않는 세계가 있습니다. 우리는 보이고 들리는 삶에 익숙합니다. 현실에 보이지 않으면 의미가 없다고 생각하는 것이 육체의 특징입니다. 보이는 것을 중요하게 여기는 세상에서 믿음이 있어야 보이지 않는 하나님과 하나님의 뜻을 따라갈 수 있습니다. 그래서 우리가 "믿는 사람이야, 안 믿는 사람이야"라고 말하는 것입니다. 현실과 믿음은 끊임없이 부딪칩니다. 현실과 믿음이 부딪칠 때 믿음을 따라가는 사람은 보이는 현실 세계만 있는 것이 아니라 보이지 않으나 실존하는 또 하나의 분명한 세계가 있다는 것을 믿습니다.

믿음을 지키며 사는 삶이란

우리 자녀들이 믿음을 지키며 사는 삶에 의문을 가질 때 믿음의 후손은 어떻게 사는가를 가르쳐 주고 싶습니다.

믿음의 조상이 누구입니까? 아브라함입니다. 하나님은 그분의 이름을 묻는 모세에게, "너는 이스라엘 자손에게 이같이 이르기를 너희 조상의 하나님 여호와 곧 아브라함의 하나님, 이삭의 하나님, 야곱의 하나님께서 나를 너희에게 보내셨다 하라 이는 나의 영원한 이름이요 대대로 기억할 나의 칭호니라"(출 3:15)라고 말씀하셨습니다. 하나님은 아브라함부터를 이스라엘의 조상으로 보십니다.

창세기 11장 끝부분 셈의 족보에서 아브라함이 처음 나옵니다.

창11:26-27 **데라는 칠십 세에 아브람과 나홀과 하란을 낳았더라 데라의 족보**

는 이러하니라 데라는 아브람과 나홀과 하란을 낳고 하란은 롯을 낳았으며

아브라함의 아버지 데라는 셈의 족보에 있고, 셈은 노아의 아들입니다. 하나님은 인간을 창조하셨고, 처음 인간들은 아담에서 노아 시대까지 모두 타락했습니다. 하나님은 한 사람의 의인 노아와 그 가족만 살리셨습니다. 홍수 이후 노아에서 시작된 새로운 인류가 세상에 퍼졌는데 그들은 바벨탑을 쌓음으로 다 흩어져 버렸습니다. 그리고 하나님은 아브라함을 필두로 이제 다시 새롭게 인류를 시작하기로 정하셨습니다. 믿음의 씨의 시작입니다. 그전까지 인류는 자기 힘으로 하나님의 법을 지킬 수 없음을 계속 보여 주었습니다. 그래서 하나님은 믿음의 새 조상 아브라함을 택하셨고, 그의 첫 등장을 이렇게 시작하셨습니다.

창11:29-30 **아브람과 나홀이 장가 들었으니 아브람의 아내의 이름은 사래며 나홀의 아내의 이름은 밀가니 하란의 딸이요 하란은 밀가의 아버지이며 또 이스가의 아버지더라 사래는 임신하지 못하므로 자식이 없었더라**

그전까지는 '낳고 낳고 낳았는데', 처음으로 낳지 못하는 사람이 나왔습니다. 아브라함의 족보는 이전까지 이어져 오던 셈족의 족보에서 끊어지게 되었습니다. 셈의 계보가 9대인 데라로 끝나 셈족의 자연적인 혈통 계보가 끊어질 때 하나님은 그전까지 이어져 오던 족보에서 끊어진 완전히 다른 족보를 시작하려 하셨습니다. 육신의 생명으로 이어져 오던 족보에서 약속으로 이루어지는 새로 출범하는 계보를 시작하신 것입니다.

하나님은 육신의 자녀와 약속의 자녀를 구분하십니다.

롬 9:8-9 곧 육신의 자녀가 하나님의 자녀가 아니요 오직 약속의 자녀가 씨로 여기심을 받느니라 약속의 말씀은 이것이니 명년 이때에 내가 이르리니 사라에게 아들이 있으리라 하심이라

육신의 자녀가 하나님의 자녀가 아니라 오직 약속의 자녀가 씨로 여기심을 받습니다. 하나님은 사라를 통해 약속의 자녀가 시작될 것이라고 말씀하셨습니다. 그 약속을 믿고 기다리는 것이 믿음의 조상이 할 일이었습니다. 그래서 아브라함을 믿음의 조상으로 하는, 하나님을 "아브라함과 이삭과 야곱의 하나님"이라고 부르는 새로운 나라가 창세기 12장부터 펼쳐지는 것입니다.

하나님은 아브라함에서 시작된 믿음의 후손이 사는 법을 보여 주셨습니다. 하나님이 아브라함에게 주신 첫 명령을 보십시오.

창 12:1 여호와께서 아브람에게 이르시되 너는 너의 고향과 친척과 아버지의 집을 떠나 내가 네게 보여 줄 땅으로 가라

이 말씀을 듣고 떠나는 이가 새 인류, 믿음의 인류입니다. 미래도 보장되지 않고, 가족도 설득하기 어려운 일입니다. 실제 가기 전까지

는 미리 알 수 없는 땅입니다. 내 지식과 경험이 무너지는 길을 나서는 것입니다. 발을 내딛는 것이 믿음이고, '말씀하신 하나님'을 믿는 것이 믿음입니다. 내가 애써 개척하는 것이 아니라 경험해 보지 못한 길이기에 말씀만 따라갈 수밖에 없습니다. 믿음은 하나님이 열어 가시는 길입니다.

그렇게 약속을 따라가던 아브라함이 하나님의 말씀에 처음 입을 열어 불평과 원망의 말을 한 장면이 있습니다.

창15:2 아브람이 이르되 주 여호와여 무엇을 내게 주시려 하나이까 나는 자식이 없사오니 나의 상속자는 이 다메섹 사람 엘리에셀이니이다

아브라함의 질문 속에 그의 불만의 실체가 들어 있습니다. 자식을 주겠다는 하나님의 약속만 있고 실체가 없다는 것입니다. 하나님을 의심하게 되는 때에 하나님께 묻는 것이 기도입니다. 받은 약속이 이루어지지 않는 시간 동안 믿음의 사람들은 기도함으로 하나님과 소통합니다. 아브라함의 항변에 하나님은 그를 밖으로 이끄셨습니다. 아브라함이 스스로 일어나 나간 것이 아니라, 하나님이 그를 이끌어 밖으로 나가게 하셨습니다. 하나님이 주체가 되어 믿음의 사람을 행동하게 하십니다. 하나님은 부족하고 약한 우리의 주체가 되어 믿음의 길을 걸어가게 이끄십니다.

하나님은 현실 앞에 믿음이 약해져 있는 아브라함의 팔을 잡아끌듯이 천막 밖으로 이끌어 내시고 밤하늘의 별들을 보라고 하셨습니다. 자녀가 없는 위기감과 절망으로 약해진 아브라함을 일으켜 세우시기 위해 "너의 후손이 저렇게 많은 별처럼 될 것이다"라고 말씀하셨습니다. 아브라함이 바라보았을 오염되지 않은 중동의 밤하늘을 상상해 보십시오. 헤아릴 수 없이 많은 별을 볼 때 하나님의 약속이 다시 그의 마음에 각인되었을 것입니다. 이때 비로소 아브라함이 하나님을 믿었다는 표현이 나옵니다.

창15:6 **아브람이 여호와를 믿으니 여호와께서 이를 그의 의로 여기시고**

'믿었다'는 말은 '아멘'과 어원이 같습니다. 하나님의 말씀에 아브라함이 "아멘!" 한 것입니다. 여기서 '믿음'이란 단어가 성경에 처음으로 등장합니다. 갈라디아서에서 바울은 이 구절을 들어 아브라함과 믿음의 자손들을 연결 지었습니다.

갈3:6-7 **아브라함이 하나님을 믿으매 그것을 그에게 의로 정하셨다 함과 같으니라 그런즉 믿음으로 말미암은 자들은 아브라함의 자손인 줄 알지어다**

하나님께 보인 아브라함의 유일한 반응은 그의 믿음뿐이었습니다. 하나님의 말씀에 "아멘" 한 것뿐이었습니다. 아브라함의 자손은 이렇게 믿음에 의해 특징지어집니다. 하나님이 아브라함의 믿음을 보시고 그것을 그의 의로 여기셨다는 말이 무슨 뜻입니까? 아브라함과 그의 아내 사라가 "나는 불임입니다. 나에게서는 나올 것이 없습니다. 그러나 자식을 주겠다고 하시니 '아멘' 합니다" 하고 자신들의 현실을 초월하여 말씀하신 하나님을 신뢰하고 믿었기 때문에 그들이 하나님과 바른 관계에 있다고 하나님이 선언하신 것입니다.

우리의 정체성이 무엇인가요? 우리는 믿음으로 의롭게 된 자들입니다. 우리가 믿음을 유지할 수 있는 방법은 능동적으로 이끄시는 하나님, 권면하시는 하나님을 만나는 것입니다. 약속의 말씀을 듣고 "아멘!" 하는 것입니다. 그럴 때 수시로 믿음이 없어지는 우리도 다시 하나님을 붙잡는 믿음을 가지게 됩니다.

하나님이 주권적으로 우리를 이끌어 가신다는 것이 분명하게 나타난 때가 또 있습니다. 아브라함에게 가장 중요한 사건, 즉 이삭을 바치라는 하나님의 명령을 듣고 아브라함이 한 행동을 보십시오.

창 22:1-2 그 일 후에 하나님이 아브라함을 시험하시려고 그를 부르시되 아브라함아 하시니 그가 이르되 내가 여기 있나이다 여호와께서 이르시되 네 아들 네 사랑하는 독자 이삭을 데리고 모리아 땅으로 가서 내가 네게 일러 준 한 산 거기서 그를 번제로 드리라

여기서 하나님은 "네 아들", "네 사랑하는 독자", "이삭" 등 이삭을 삼중으로 반복해 말씀하셨습니다. 아브라함에게 이삭이 어떤 아들인가를 아신다는 뜻입니다. 이는 한 인간이 할 수 있는 최대의 순종 사건이었습니다. 하나님은 독생자 아들을 번제로 드리는 것이 얼마나

힘든지를 아셨습니다. 이삭은 장차 인류의 대속물로 이 땅에 임하실 예수 그리스도의 그림자입니다. 하나님도 '내 사랑하는 아들, 내가 기뻐하는 자'인 독자를 그렇게 이 땅으로 내려보내셨기 때문입니다.

> 창22:3 아브라함이 아침에 일찍이 일어나 나귀에 안장을 지우고 두 종과 그의 아들 이삭을 데리고 번제에 쓸 나무를 쪼개어 가지고 떠나 하나님이 자기에게 일러 주신 곳으로 가더니

여기서 "일찍이 일어나"는 사역형 동사입니다. 아브라함이 주체가 아닙니다. 하나님이 일찍 일어나게 하신 것입니다. 계속해서 "나귀에 안장을 지우고"도 사역형입니다. 하나님이 나귀에 안장을 지우게 하신 것입니다. "나무를 가지고 떠나"도 사역형입니다. 하나님이 나무를 가지고 떠나게 하신 것입니다.

아브라함은 아들을 바치라는 하나님의 말씀 앞에 스스로 힘을 내어 그 일을 한 것이 아닙니다. 그렇게 할 수 없는 아브라함을 '일어나게 하시고', '안장을 지우게 하시고', '나무를 가지고 떠나게 하신' 분이 하나님이십니다. 주도적으로 이끌고 가시는 분이 하나님이십니다. 그렇게 하나님은 아브라함이 삼 일 길을 갈 때, 가게 하는 주체가 되셔서 갈 수 있게 하셨습니다. 그리고 마침내 그곳에서 친히 제물을 준비해 주셨습니다.

이렇게 우리가 믿음의 길을 갈 때 하나님은 주체가 되어 이끄십니다. 왜냐하면 약속의 말씀에 "아멘!" 하고 믿음의 길을 가도 기도의 응

답이 이루어질 때까지 견디는 시간이 필요하기 때문입니다. 약속이 이루어질 것을 소망하며 참고 기다리는 시간을 로마서 8장 22절에서는 '탄식하는 시간'이라고 했습니다. 이때 '탄식'은 원어로 '해산의 고통'을 의미합니다. 해산의 고통이 무엇인가요? 절망의 고통이 아니라 희망의 고통입니다. 생명을 잉태한 어머니는 고통스럽지만 참고 기다립니다. 보이지 않지만 생명을 잉태했다는 것을 알기 때문입니다. 약속을 받고 인내하는 자는 "나는 오늘 하루도 탄식합니다. 그러나 이것은 해산의 고통인 것을 믿습니다"라고 고백할 수 있습니다. 임산부가 힘들어하는 모습을 보며 절망적이라고 여기는 사람은 없습니다. 생명이 태어나는 해산의 고통인 것을 알기 때문입니다.

약속만 있을 뿐 수치를 당하는 현실에서
즐거워하라, 외치라

아브라함은 아들을 낳을 수 있었습니다. 사라가 낳지 못한 것입니다. 그러나 하나님은 "사라에게 아들이 있으리라"(창 18:10)라고 말씀하셨습니다. 그러나 약속만 있을 뿐 계속 시간이 흘러가고 있을 때 사라는 그 시간을 잘 견뎠을까요? 그렇지 못했습니다. 이루어지지 않는 약속에 초조해진 사라는 육신의 자녀를 계획했습니다.

갈4:22-23 기록된 바 아브라함에게 두 아들이 있으니 하나는 여종에게서,

하나는 자유 있는 여자에게서 났다 하였으며 여종에게서는 육체를 따라 났고 자유 있는 여자에게서는 약속으로 말미암았느니라

육신의 자녀와 약속의 자녀가 있습니다. 사람의 지혜와 계획으로 낳은 아들이 이스마엘입니다. 육신의 자녀를 계획한 사라는 이 때문에 많은 고통을 받았습니다. 그러나 하나님은 불가능해 보이는 상황에서도 사라에게 약속을 통해 낳을 자녀가 있다고 말씀하셨습니다. 사라는 그 시간을 어떻게 견뎌야 했을까요?

갈 4:27-28 기록된 바 잉태하지 못한 자여 즐거워하라 산고를 모르는 자여 소리 질러 외치라 이는 홀로 사는 자의 자녀가 남편 있는 자의 자녀보다 많음이라 하였으니 형제들아 너희는 이삭과 같이 약속의 자녀라

하나님은 약속만 있을 뿐 수치를 당하고 약속은 이루어지지 않는 현실 속에서 사라에게 어떻게 살라고 하셨나요? "잉태하지 못한 자여 즐거워하라 산고를 모르는 자여 소리 질러 외치라"고 하셨습니다. 그 이유는 아기가 없어 남편 없는 여자 같았던 사라가 열국의 어미가 되어 남편 있는 자의 자녀보다 많은 자녀를 가진다는 약속을 받았기 때문입니다. 이 구절은 이사야 54장을 인용한 것입니다.

사 54:1-3 잉태하지 못하며 출산하지 못한 너는 노래할지어다 산고를 겪지 못한 너는 외쳐 노래할지어다 이는 홀로 된 여인의 자식이 남편 있는

자의 자식보다 많음이라 여호와께서 말씀하셨느니라 네 장막 터를 넓히며 네 처소의 휘장을 아끼지 말고 널리 펴되 너의 줄을 길게 하며 너의 말뚝을 견고히 할지어다 이는 네가 좌우로 퍼지며 네 자손은 열방을 얻으며 황폐한 성읍들을 사람 살 곳이 되게 할 것임이라

이 예언의 말씀은 바벨론에 유배된 유대인들에게 하나님이 주신 말씀이었습니다. 자기 민족의 역사가 끝났고 다시 나라를 세울 수 없을 것이라고 생각한 그들에게 하나님은 아이를 낳을 수 없었던 믿음의 조상 아브라함의 아내 사라를 생각나게 하셨습니다. 잉태하지 못한 사라가 어떻게 노래할 수 있을까요? 산고를 겪어 보지 못한 사라가 어떻게 외쳐 노래할 수 있을까요? 그것은 약속의 말씀이 있기 때문이었습니다. 육신의 자녀를 기대할 수 없는 사라에게 약속의 자녀를 주겠다는 하나님의 말씀이 있기 때문이었습니다.

그 말씀은 믿음을 요구하는 명령이었습니다. 하나님은 사라에게 자기 자신을 바라보면 생명을 낳지 못하는 불임 상태이나, 약속을 붙들고 기다릴 때 장막 터를 넓히고 처소의 휘장을 널리 펼 정도로 그 자손이 열방을 얻게 될 것이라는 약속을 주십니다. 그 장막 안에 들어간 자손 중에 우리가 있습니다. 왜 하나님은 약속을 붙들고 기도하게 하시나요? 우리의 불신앙 때문입니다. 약속이 없으면 약속의 자녀를 지켜 낼 수 없기 때문입니다. 약속을 붙들어야 하는 이유를 갈라디아서에서는 이렇게 설명합니다.

갈 4:29 그때에 육체를 따라 난 자가 성령을 따라 난 자를 박해한 것같이…

육체를 보면, 세상의 눈으로 보면 불가능한 일입니다. 믿음은 박해를 받습니다. 그러나 믿음을 통해서만 약속의 자녀를 낳을 수 있습니다. 아브라함과 사라처럼 나 자신의 연약함과 무능력을 깨닫고 하나님께 완전히 순복하는 자에게 하나님의 생명이 흘러가 약속의 자녀를 출산하게 됩니다. 하나님만을 바라보기에, 그 약속이 있기에 기도와 응답 중간 시간을 인내할 수 있습니다. 믿음의 후손을 바라며 사는 것입니다. 낳고 낳고 낳는 중에 나만 복이 없는 것처럼 눈물 흘리며 나아간 기도 끝에 비로소 우리는 찬양으로 다시 일어서게 됩니다. 이것이 하나님이 우리에게 주시는 신비입니다.

지금 어려움을 당하고 있는 누군가에게 "노래하라"고 한다면 그가 이 말을 받기 쉬울까요? 노래하려면 어떻게 해야 할까요? 약속이 있어야 합니다. 붙들 말씀이 있으면 노래할 수 있습니다. 먼저 말씀을 구하십시오! 그리고 말씀하신 분을 믿으십시오! 하나님은 사역형으로, 때로는 권면형으로 우리가 믿음의 길을 갈 수 있게 하십니다. 약속을 붙잡고 이루실 하나님을 신뢰할 때 노래할 수 있습니다! 우리 믿음의 조상은 '내 능력으로는 족보를 이어 갈 수 없다. 내 힘으로는 이룰 수 없다'는 사실을 깨달았고, 이 일은 은혜로만 가능하다고 고백했습니다. 하나님이 그런 그를 찾아와 부르시고, 보여 줄 땅으로 이끌어 내시고, 가는 곳마다 단을 쌓게 하시며, 순종하기 어려울 때마다 주권적으로 이끄셨습니다.

아브라함에게 일어난 구원이 이런 것입니다. 아브라함 이전의 인류는 육체의 소욕을 따르는 인생이었습니다. 아브라함은 육체의 본성을 극복하고 도저히 소망을 가질 수 없는 상황에서도 소망을 품고 믿는 믿음의 조상이 되었습니다. 믿음의 후손이 어떻게 살아야 하는지를 보여 주었습니다. 낳고 낳고 낳다가 대가 끊어지는 일이 있습니까? 믿음의 길을 내 힘으로 걸어가는 줄 알고 힘들어합니까? 내가 불임인데 하나님은 나를 통해 아들이 있을 것이라고 말씀하십니까? 약속을 불신하고 의심하고 포기하고 낙심하고 절망했던 것을 회개합시다.

하나님은 아브라함으로부터 새로 시작하셨습니다. 믿음이 약해질 때마다 하나님은 사역형으로 이끄셨고, 순종하기 어려운 고난 중에는 권면형으로 이끄셨습니다. 약속만 있을 뿐 수치를 당하고 약속은 이루어지지 않는 현실 속에서 사라에게 "즐거워하라. 소리 질러 외치라"고 하셨습니다. 우리도 새로 시작합시다. 하나님이 나의 시작이십니다. 하나님이 나의 유업이십니다. 기도와 응답 중간 시간에 하나님의 계획을 알려 줄 말씀을 다시 구합시다. 하나님은 먼저 계획을 세우시고 말씀으로 우리를 부르십니다. 하나님 앞에 넘어질 때마다 단을 쌓읍시다. 하나님이 말씀하실 때 "아멘" 합시다. "아멘" 하는 믿음을 의로 여기실 하나님을 만날 것입니다.

하나님께는 우리를 향한 큰 그림이 있다

하나님을 믿는 한 고난은 임하지 않으리라 믿고 싶은 것이 우리입니다. 고난이 있어도 빨리 지나갈 것이라고 믿고 싶습니다. 성도의 삶은 평안한 삶, 재앙이 없는 삶이라고 생각합니다. 이스라엘이 바벨론에 포로로 끌려가기 전에 예레미야는 자기 민족에게 하나님의 메시지를 전했습니다. 하지만 그들은 하나님의 말씀으로 받지 않았습니다. 왜냐하면 자기들이 당할 고난을 믿고 싶지 않았기 때문입니다. 오히려 거짓 선지자들의 메시지를 붙들고 싶어 했습니다. 하나님의 메시지보다 사람의 메시지가 더 다가왔습니다. "성전이 있는 예루살렘은 결코 망하지 않는다. 하나님이 2년 안에 포로 생활을 끝내 주실 것이다. 평안하리라. 재앙이 임하지 아니하리라!" 이런 메시지를 붙들고 싶어 했습니다.

지금 우리는 어느 때보다도 고난의 시대를 지나고 있다고 생각합니다. 그러나 하나님께는 우리를 향한 큰 그림이 있습니다. 이미 계획하신 그림입니다.

> 약1:2-4 내 형제들아 너희가 여러 가지 시험을 당하거든 온전히 기쁘게 여기라 이는 너희 믿음의 시련이 인내를 만들어 내는 줄 너희가 앎이라 인내를 온전히 이루라 이는 너희로 온전하고 구비하여 조금도 부족함이 없게 하려 함이라

"여러 가지"란 단어는 원래 '여러 가지 색깔의, 다채로운, 형형색색의'라는 뜻입니다. 아름다운 그림이 수놓인 자수 판의 뒷면을 본 적이 있습니까? 여러 색의 실들이 어지럽게 얽히고설켜 있어 무슨 그림인지 알 수가 없습니다. 우리에게 다가오는 시험만 볼 때는 '이게 뭐지? 왜 이런 일들이 계속 일어나지?' 하게 됩니다. 의미를 알 수 없고 삶이 엉망진창 되는 것만 같습니다. 하지만 자수 판의 앞면을 보면 내가 알지 못했던 아름다운 그림이 수놓인 모습을 보게 됩니다.

하나님이 우리에게 여러 가지 시험을 만날 때 전적으로 기쁘게 받아들이라고 하신 이유는 인내를 이룬 그 시간을 통해 온전하고 성숙한 사람으로 변할 것이기 때문입니다. 하나님은 우리가 어떤 일을 겪게 될지 알고 계십니다. 여러 가지 시험을 만날 것을 아십니다. 베드로도 이렇게 말했습니다.

벧전 1:6 **그러므로 너희가 이제 여러 가지 시험으로 말미암아 잠깐 근심하게 되지 않을 수 없으나 오히려 크게 기뻐하는도다**

여기에도 "여러 가지"라는 단어가 나옵니다. 베드로가 보낸 편지를 받아 본 원독자들은 이방 불신자들의 비방과 욕설과 해고와 폭행과 심지어 살인 같은 시험을 받았습니다. 이러한 시험들이 자수 뒷면처럼 어지럽게 얽혀 있습니다. 그럼에도 그들이 기뻐할 수 있었던 이유가 무엇입니까?

벧전1:7 너희 믿음의 확실함은 불로 연단하여도 없어질 금보다 더 귀하여 예수 그리스도께서 나타나실 때에 칭찬과 영광과 존귀를 얻게 할 것이니라

자수 판의 앞면이 금보다 더 귀한 믿음이 되어 마지막 때에 예수님 앞에서 칭찬과 영광과 존귀를 얻게 될 것이기 때문에 기뻐할 수 있었습니다. 금은 자연 상태에서 돌 속에 소량 섞여 존재합니다. 필연적으로 요구되는 것이 뜨거운 용광로에서의 제련 과정입니다. 성도들이 당하는 시련의 목적은 시련을 통해 믿음을 순수하게 만들기 위해서입니다. 결국 없어지고 말 금도 불로 연단을 받습니다. 금보다 훨씬 더 귀한 믿음은 더 많은 단련을 받아 순수하게 되어 더 귀합니다. "여러 가지 시험"에는 '불에 집어넣는 시련'과 '그 시련 속에서 가치가 입증된다'는 두 가지 의미가 들어 있습니다. 믿음이 순수성을 얻게 된다는 뜻입니다.

때로 내 생각보다 응답이 지체될 수 있습니다. 그러나 예수님이 지체하실 때는 이유가 있습니다. 예수님이 지체하심으로 혈루증을 앓던 여인은 원하던 것보다 훨씬 큰 것을 받았습니다. 회당장 야이로 역시 죽어 가는 딸을 살리고자 예수님을 모셔 왔는데 죽은 딸이 살아나는 기적을 얻었습니다.

예수님께 도움을 요청하면 생각했던 것보다 훨씬 큰 것을 내어 드려야 합니다. 야이로는 예수님이 딸을 치료하실 수 있다는 믿음만 있으면 되는 줄 알았습니다. 그런데 예수님은 더 큰 믿음을 요구하셨습

니다. 딸이 죽은 상황에서도 야이로에게 "두려워하지 말고 믿기만 하라"(눅 8:50)고 하셨습니다. 예상했던 것보다 훨씬 더 큰 믿음의 시험이었습니다. 혈루증을 앓던 여인도 예수님의 옷깃만 만지고 서둘러 사라질 생각이었으나, 예수님은 사람들 앞에 서게 하셨습니다. 그럴 필요가 있었기 때문입니다. 예수님은 "네 믿음이 너를 구원하였다"(마 9:22)라고 말씀하셨습니다.

예수님께 가면 주님은 애초에 드리려고 생각했던 것보다 훨씬 큰 것을 말씀하십니다. 하나님이 은혜를 보류하시고 잘못 행하시는 것 같을 때는 우리가 아직 모르는 필수적인 변수가 있습니다.

지금 예수님을 재촉하고 있습니까? 기다리다 지쳐 조바심을 내고 있습니까? 예수님께 구해도 우리 예상대로 진행되지 않을 때는 참고 기다리는 편이 현명합니다. 예수님은 나를 온전히 사랑하십니다. 예수님은 무엇을 할지 알고 계십니다. 우리는 왕의 말은 반드시 이루어질 것을 믿고, 그분이 큰 믿음을 요구하실 때 큰 믿음을 보여 드려야 합니다.

이 시대 사람들이 생각하는 기독교는 이기적이고 자기중심적이고 그저 자기들의 구원만 중요한 종교입니다. 이 말들을 완전히 부정할 수 없는 것이 우리의 뼈아픈 현실입니다. 그러나 이러한 결과는 오히려 교회와 성도에게서 보고 싶은 모습에 대한 세상 사람들의 기대를 나타내는 것이 아닐까요?

우울증에 걸린 사람들이 날로 많아지고 젊은이들은 꿈을 잃었습니다. 많은 사람이 누군가의 도움을 원합니다. 내 힘을 넘어서는 능력을 요구합니다. 이 시대에 어떻게 살아가야 할지 방향을 제시해 줄 사람을 원합니다. 성도가 그렇게 살아가고 있다면 그것이 바로 굿 뉴스(Good News), 복음입니다. 성도는 세상과 다른 하나님 나라 법으로 살아가야 합니다. 이것이 복음입니다. 이 시대 교회를 통해 진정한 복음이 전해지기 위해 교회가 먼저 복음을 경험해야 합니다.

악한 영은 하나님의 백성을 모욕합니다. 사탄의 말에 동의하면 사탄이 힘을 갖게 됩니다. '모욕'이라는 단어는 주로 전쟁 상황에서 사용하는 말입니다. 사탄은 하나님의 백성을 모욕함으로 싸움을 걸어 옵니다. 사탄은 언제나 우리에게 싸움을 겁니다. 영적 전쟁은 날마다 우리의 삶에서 실제 벌어지는 일입니다. 그런데도 그 사실을 인식하지 못하면 무방비로 당할 수밖에 없습니다.

믿음을 가졌다는 이유로 수치를 당하고, 두려움이 올라와 영적 전쟁임을 인식할 때 우리는 내 힘으로는 이 전쟁을 해결할 수 없다는 사실을 알게 됩니다. 외부에서 구원자가 오셔야 합니다. 우리에게 있는 죄책감, 두려움, 수치심은 구원자가 필요하다는 현실을 깨닫게 합니다. 진정한 구원자가 누구신지를 찾아가는 여정이 시작됩니다. 환난 날에 하나님을 기억합니까? 아무도 도와줄 수 없는 내 인생에 몰아치는 폭풍은 내가 어떤 신앙인인지를 보여 줍니다. 환난 날에 구원자가 계신 그리스도인의 삶이 환난을 당한 사람들에게 복음이 됩니다.

우리 모두는 구원자가 필요합니다. 우리 삶에서 어려움은 한 번 이겨 낸다고 끝나지 않습니다. 이겨 낸 일이 닥치고 또 닥칠 때 두려움에 싸워 볼 생각도 못하고 주저앉지 않습니까? 너무도 많이 당해서 우리 스스로 싸워 볼 생각도 못하고 스스로 항복하고 포기하고 종노릇하는 부분이 있습니다. 그곳에는 하나님의 자리가 없습니다. 내 힘으로는 거기서 빠져나올 수 없음을 알기에 우리는 구원자가 필요하다고 생각합니다. 그러나 하나님이 구원자가 되신다는 생각을 못하는 것이 우리의 연약함입니다. 무슨 일이 생기면 두려워하고 불안해하고 절망합니다. 우리는 눈앞에 보이는 현상만 해결하려 합니다. 그래서 우리는 기도를 배워 가야 합니다.

4장

고난 중에 진짜 기도를 배운다

저는 모태신앙인이지만 무슨 일이 생겨야만 기도하는 사람이었습니다. 저는 간구하는 기도밖에 할 줄 몰랐습니다. 정기적으로 하는 개인기도 시간이 없었습니다. 그러니 문제만 생기면 중보기도를 부탁하기 바빴습니다. 문제가 해결되면 또 기도하지 않는 삶을 살았습니다. 기도에 열정이 없고 일상의 기도를 하지 못했던 것은 나에게 필요한 것을 위해서만 기도했기 때문입니다. 삶이 순조롭게 돌아가는 한 기도할 필요를 못 느꼈습니다. 나 중심적인 기도만 했습니다. 하나님은 대기하고 계시다가 제가 필요할 때 호출하면 달려와서 해결해 주시는 분이었습니다. 하나님은 내 목적을 위한 수단이었습니다.

간구 기도만 하는 사람은 평안할 때는 기도하지 않습니다. 그런 사람은 자기가 원하는 것이 채워지면 기도할 필요를 못 느낍니다. 그러니 주님의 뜻을 알 필요도 못 느끼고, 알지도 못합니다. 날마다 보수만 하는 기도인 것입니다. 문제가 생기면 보수하는 기도를 하고, 중보기도를 부탁하고, 그래서 무너진 곳이 세워지면 기도하지 않고 살아갑니다. 그러다 또 문제가 터지면 그제야 보수하는 기도를 합니다. 우리 삶에는 늘 보수해야 할 곳이 터집니다. 끊임없는 문제에 지치기 시작합니다. 무지하게 사니까 늘 당합니다.

기도에 대한 무지가 깨지기 시작한 것은 날마다 말씀을 묵상하면서부터였습니다. 무슨 일이 있든 없든 하나님 앞에 나아와 말씀을 읽고 기도하는 사람은 하나님과 사귐을 갖게 됩니다. 하나님과 사귈수록, 교제할수록 하나님의 뜻을 알게 됩니다. 말씀을 묵상하다 보니 내가 무엇을 구하기를 하나님이 바라시는지 깨닫게 되었습니다. 하나님은 내가 구원받은 데서 그치기를 원하지 않으시고, 하나님이 원하시는 것을 구하는 사람, 하나님이 다스리시는 사람이 되기를 바라십니다.

예수 믿는 사람은 많으나 하나님의 다스리심을 받는 사람은 극히 적습니다. 내가 중심이 되는 나라를 포기해야 하나님이 다스리시는 나라에서 살 수 있습니다. 하나님과 친밀함이 깊어질수록 인격적인 관계를 맺게 되고, 자라 가게 되고, 내 삶을 순간순간 하나님께 의탁하게 됩니다. 무너진 곳을 쫓아가며 보수만 하는 기도가 아니라 예방하는 기도를 하게 됩니다. 바로 하나님의 뜻을 선포하는 것입니다.

말씀에 나타난 나를 향한 하나님의 뜻, 가족을 향한 하나님의 뜻, 교회를 향한 하나님의 뜻, 나라와 열방을 향한 하나님의 뜻을 선포하는 기도를 함으로 높은 영적 고지에 올라서서 내려다보게 됩니다. 이렇게 기도할 때 영적 전쟁에서 승리할 수 있었습니다. 바로 신앙인의 삶은 기도하고, 응답을 기다리는 시간을 믿음으로 견디는 사람이라는 사실을 알게 되었습니다. 기도를 몰랐던 영적 무지가 깨어지기 시작했습니다.

매일의 말씀으로 기도가 깊어진다

몇 년 전 큐티 세미나를 하러 인도네시아에 간 적이 있습니다. 주제를 '말씀을 붙잡고 사는 삶'이라고 정하고 준비하고 있는데 가기 며칠 전부터 가정 안에서 감정이 상하는 일이 계속 일어났습니다. 그럴 때마다 사탄이 "네가 말씀을 붙잡고 산다고? 그런데 네 가정은 지금 어떠냐? 네 자녀들은 어떠냐? 너는 어떠냐?" 하며 고소하는 소리가 밀물처럼 밀려왔습니다. 사탄이 고소하는 말들이 다 맞았습니다. '지금까지 받은 약속의 말씀들이 이루어지기를 위해 기도하고 있는데 왜 상황은 더 나빠지는 것 같을까? 이런 내가 과연 말씀을 붙잡고 사는 삶을 말할 수 있을까?' 하는 생각이 들었습니다.

그러다 드디어 출발하는 날, 공항에 앉아 있을 때 한 중보자에게서 문자가 왔습니다. 기도 가운데 하나님이 제게 메시지를 주셨다며 전달했습니다. 이런 내용이었습니다. "지금까지 내 말이 어떻게 너를 인도했는지 기억해라. 말씀의 능력을 당장 눈에 보이는 현상으로 증명하라는 사탄의 시험에 빠지지 말고 결국 승리를 주시는 하나님을 신뢰하라." 말씀의 능력을 당장 눈에 보이는 현상으로 증명하라는 바로 그것이 제 마음을 그토록 힘들게 했었던 것입니다.

그 문자를 보고 비행기를 탄 후 하나님께 질문했습니다. "하나님, 저에게도 직접 말씀해 주세요." 그때 이런 음성이 들리는 것 같았습니다. "내가 너와 함께한 수많은 일을 기억해 봐라. 네가 나를 믿고 약속의 말씀을 따라왔기에 지금 너를 인도네시아에 보내는 것이다. 너를 통해 내가 한 일이 전해질 것이다. 너는 말씀의 능력을 선포하게 될 것이다."

'말씀을 붙잡고 사는 삶'이라는 주제를 확증해 주시는 주님의 음성이었습니다. 그리고 다시 꺼내 읽은 그날의 큐티 말씀이 베드로전서 2장 1-3절이었습니다.

벧전 2:1-3 그러므로 모든 악독과 모든 기만과 외식과 시기와 모든 비방하는 말을 버리고 갓난아기들같이 순전하고 신령한 젖을 사모하라 이는 그로 말미암아 너희로 구원에 이르도록 자라게 하려 함이라 너희가 주의 인자하심을 맛보았으면 그리하라

매일 우리에게는 악의와 거짓과 위선과 시기와 비방의 말이 들려옵니다. 사탄은 우리 안에 그런 씨앗을 심어 주려고 합니다. 그것은 나를 향한 하나님의 계획과 다른 말입니다. 하나님은 우리에게 그런 불량 식품을 먹지 말고 갓난아기들같이 순전하고 신령한 젖을 사모하라고 하십니다. "순전하고 신령한 젖"은 하나님의 말씀입니다. 젖을 먹어야 하는 이유는 구원에 이르도록 자라게 하기 때문입니다. 왜

그렇게 열심히 쫓아다니며 아이들에게 밥을 먹이나요? 자라야 하기 때문입니다. 엄마들이 길에 나와서까지 아이들에게 밥을 먹이는 모습을 보지 않습니까?

말씀을 읽는 이유는 그 안에 우리를 향한 하나님의 계획이 있기 때문입니다. 눈에 보이는 현상에 좌우되는 것이 아니라 지금까지 하나님이 행하신 일을 기억하게 하고 믿음의 길로 생각을 인도하기 때문입니다. 왜 아이들이 커 갈수록 예배에 참석하지 않나요? 하나님 말씀 대신 다른 것들이 마음에 자리 잡기 때문입니다.

눈만 뜨면 부딪쳐 오는 현실 세계에서 말씀 가운데 하나님이 알려 주시는 영적 비밀을 깨달으면 진리가 구별되고 거짓도 자연스럽게 분별됩니다. 말씀 안에서 하나님의 인자하심을 맛보게 되면 사탄이 주는 거짓과 위선과 시기와 비방의 말들에 넘어가지 않을 것입니다.

하나님이 사탄의 참소에 말씀을 선포할 용기를 잃은 저에게 바로 그날의 큐티 말씀을 손에 쥐여 주시는 듯했습니다. 말씀을 보면서 '내가 말씀을 충분히 먹지 않았더니 다른 것을 받아들였구나'라는 사실을 알게 되었습니다.

건너지 못할 강 앞에 선 것 같은 수많은 상황 가운데서 하나님은 매일의 말씀으로 건너가게 하셨습니다. 지금까지 나를 인도하신 하나님을 기억할 때 매일의 말씀을 꺼내 보지 않을 수 없습니다. 그 말씀들이 기도의 언어가 되었습니다. 말씀이 쌓일수록 기도가 깊어져 갔습니다. 말씀만으로 충분함을 경험하지 못하면 우리는 눈에 보이는 행위들을 더하게 됩니다. 눈에 보이는 외적인 행위를 쌓는 데서 자신의 정체성과 가치를 발견하게 됩니다. 그래서 그리스도가 우리를 위해 모든 일을 하셨다는 자유를 누리지 못하고 아직도 종으로 살고 있는 것입니다. 스스로를 구원하려고 애쓰는 것입니다.

이것은 모든 인류의 문제입니다. 하나님처럼 되고 싶어서 하나님을 떠난 아담처럼, 하나님 없이도 자기 혼자의 힘으로 살 수 있을 것처럼 느껴서 아버지 집을 떠납니다. 아버지의 사랑만으로 충분하지 않은 것입니다. 세상에서 노예처럼 살고서야 '아버지의 사랑만으로 충분하구나. 내 아버지 집에서는 종으로만 살아도 좋겠다' 하고 돌아옵니다. 아버지의 사랑을 맛보아 아는 것이 영적 삶의 비밀입니다.

"말씀의 능력이 있다면 당장 눈에 보이는 현상으로 증명해라." 하나님은 그런 것을 요구하지 않으십니다. 이 비밀을 알지 못하게 하려고 사탄은 눈만 뜨면 수십 가지 문제를 일으키고 압도당하게 만듭니다. 우리로 아버지의 사랑을 보지 못하게 합니다. '나를 사랑하사 자기 몸을 버리신 그리스도의 사랑으로 충분하다'는 것을 알면 어떤 정죄 앞에서도 자유합니다. 이스라엘 백성이 하나님의 기적을 기억하고, 앞으로 지나갈 또 다른 길들에서도 그 기적이 일어날 수 있다는 것을 믿어야 했듯이, 내 하루하루의 삶에서도 하나님은 매일의 말씀으로 인도하시고 회복시키시는 기적을 이루어 가심을 믿어야 합니다.

내일 혹은 한 시간 후에 무슨 일이 일어날지 아는 사람은 아무도 없습니다. 지금 자신의 모습을 계획한 사람은 아무도 없습니다. 실제로 모든 상황은 우리의 통제 밖에 있습니다. 내 삶도 그런데 자녀들의 삶을 더더구나 우리가 어떻게 인도하겠습니까. 그러나 우리가 믿는 것은, 하나님은 계획을 가지고 우리를 인도하신다는 것입니다. 하나님께는 뜻과 계획이 있습니다. 영원하고 취소할 수 없는 계획을 가지신 하나님을 찬양합니다. 우리 삶에 타인과 다른 삶의 비밀이 있을 때 사람들은 질문합니다.

> **벧전 3:15** 너희 마음에 그리스도를 주로 삼아 거룩하게 하고 너희 속에 있는 소망에 관한 이유를 묻는 자에게는 대답할 것을 항상 준비하되 온유와 두려움으로 하고

이 세상에서는 소망을 보기 힘듭니다. 그러나 우리가 그리스도를 주로 삼아 거룩한 삶, 소망을 가진 삶을 살 때 묻는 자들이 있을 것이라고 성경은 말합니다. 과거의 사건이 정확하게 반복되지는 않을 테지만 본질적인 것은 되풀이될 것입니다. 출애굽하고, 홍해를 건너고, 요단강을 건너는 구원을 또 경험할 것입니다. 왜냐하면 그런 구원은 우연히 일어난 것이 아니라 하나님의 구원 계획에 의해 일어난 일들이기 때문입니다.

> **히 12:1** 이러므로 우리에게 구름같이 둘러싼 허다한 증인들이 있으니 모든 무거운 것과 얽매이기 쉬운 죄를 벗어 버리고 인내로써 우리 앞에 당한 경주를 하며

이 장면은 마치 마라톤 경기에서 달리고 달려서 마침내 결승선에

들어설 때의 모습과 같습니다. 우리는 믿음의 선진들의 배턴을 받아서 달리는 사람들입니다. '믿음의 장'이라고 하는 히브리서 11장에 언급된 선진들은 사라진 것이 아니라 경주를 마치고 미리 들어와 결승선에 서 있습니다. 우리에게 열정적인 격려와 환호를 보내면서 자기들처럼 끝까지 경주를 마치기를 바라고 있습니다. 믿음은 단거리가 아닙니다. 우리도 포기하지 않고 기도와 응답 사이의 장거리 마라톤에서 결승선을 향해 가야 하지 않겠습니까? 그리고 마침내 결승선을 통과한 후에는 자녀들도 끝까지 믿음의 경주를 마치기를 응원해야 하지 않겠습니까?

하늘의 뜻이 땅에서 이루어지기를 기도하라

야곱은 이 땅에서 복을 얻기 위해 고군분투한 사람입니다. '발꿈치를 잡는다'는 뜻인 이름 그대로 교활하게 형의 장자권을 사고 아버지를 속여 복을 얻었습니다. 그 결과 집을 떠나 도망하는 신세가 되었습니다. 한 곳에서 해가 저물어 돌베개를 베고 자던 중 그는 꿈속에서 환상을 보았습니다.

창28:12 꿈에 본즉 사닥다리가 땅 위에 서 있는데 그 꼭대기가 하늘에 닿았고 또 본즉 하나님의 사자들이 그 위에서 오르락내리락하고 많은 현대인이 이 땅의 삶이 전부인 줄 알고 살아갑니다. 현대인에게 영적인 세계는 직접적으로 와닿지 않습니다. 자기 자신이 모든 것을 통제하려 하는 사람과 인간의 한계를 뛰어넘는 세계는 만날 수가 없습니다. 영적인 세계는 영적인 눈이 열려야 보입니다. 그날 밤 하나님이 야곱의 눈을 열어 주셔서 그는 자신의 이해를 뛰어넘는 다른 차원의 삶이 사닥다리 위에 있는 것을 보았습니다. 야곱이 '속이는 자'라는 이름을 얻은 이유는 땅의 일만 생각했기 때문입니다. 이제 야곱은 땅에서부터 하늘에 닿아 있는 사닥다리를 보고 땅의 일이 하늘과 이어져 있음을 알게 되었습니다.

성도들에게는 이 땅에 살되 여기에 속하지 않은 삶이 있습니다. 사닥다리는 하늘과 이어진 이미지를 보여 줍니다. 우리는 땅에서 일어나는 일이 내 삶을 좌지우지할 것이라 생각합니다. 그러나 이 땅의 일은 하늘과 이어져 있습니다. 그러므로 하나님의 자녀로서 '뜻이 하늘에서 이루어진 것같이 땅에서도 이루어지기'를 기도해야 합니다. 하늘에 모든 것이 있기 때문에 하늘이 임하기를 구해야 합니다. 지금 처한 환경에 하늘의 뜻이 실현되는 삶을 살아야 합니다.

그러기 위해서는 하나님의 뜻이 무엇인지 먼저 분별하고, 이 땅에서 하늘에 계신 하나님의 뜻에 연합하며 살아야 합니다. 초점이 나에게만 맞춰져 있다면 기도하고 응답받는 삶을 살기 어렵습니다. 하늘에 계신 하나님의 뜻이 우리 안에서 이루어질 것을 믿고 기다리고, 마침내 하늘에서 땅으로 그 뜻이 이루어지는 것을 보아야 합니다. 땅의 일만 생각한다면 그 일은 영영 이루어지지 않을 것입니다.

하늘이 이 땅에 임하면 나의 필요를 하나님이 다스리십니다. 물질적인 필요에 대해 하늘의 영향력을 아는 사람이 기도합니다. 사람과 사람의 관계에 대해서도 하늘의 영향력을 아는 사람이 기도합니다. 하늘이 임할 때 용서하게 되며, 하늘이 질병과 부딪칠 때 치료가 임합니다. 이 땅에 살면서 가장 갈망하는 것이 무엇입니까? 땅의 일입니까, 하늘의 일입니까? 하나님의 약속을 붙잡고 사는 것은 추상적이고 막연하지 않습니다. 내 삶에서 구체적이고 실제적이고 영원한 것입니다.

하늘에 닿아 있는 사닥다리는 눈에 보이지 않으나 실재입니다. 야곱은 사닥다리를 보고 비로소 땅의 일이 하늘과 이어져 있음을 알게 되었습니다. 그가 알지 못한 것은 하나님의 주권이었습니다. 하나님이 이미 절대 주권으로 야곱에게 복 주기로 택하셨습니다. 성도는 하늘의 일과 하나님의 주권을 이해하며 살아야 합니다. 내 삶에 안정이 깨지고 광야에서 돌을 베고 자는 것 같은 일이 있을 때 사닥다리를 생각합시다. 이 땅의 일은 이 땅에서만 풀 수 없습니다. 땅의 시각으로만 이 땅의 일을 보았다면 이제는 멈추고 하늘을 바라봅시다.

야곱은 이 땅에서 자기 힘으로 쟁취해야 인생의 복을 얻을 것이라 생각하며 살았습니다. 그런 야곱이 생애 처음으로 사닥다리 위에 천사들이 오르락내리락하는 장면을 보았습니다. 천사는 하늘에서 내려오는 존재입니다. 야곱은 당연히 천사가 내려올 줄로 기대했는데 그가 처음 본 장면은 '오르락', 즉 올라가는 천사의 모습이었습니다. 그것은 야곱이 가나안 집을 떠날 때부터 천사가 동행했다는 뜻입니다.

가나안 땅을 떠나 하란으로 가는 길에, 마치 임무를 교대하듯이 지금까지 동행했던 천사들이 올라가고 새로운 천사들이 내려오는 장면을 보았습니다. 임무를 완수한 천사들은 올라가고, 임무를 완수할 천사들이 내려오는 듯합니다. 야곱은 광야를 홀로 간다고 생각했는데 천사가 오르락내리락하는 모습을 보고서야 천사가 동행하였음을 알았습니다.

천사를 경배하는 것은 어리석으나, 천사들을 무시하는 것 또한 어리석습니다. 천사들은 우리를 섬기라는 임무를 받은 천상의 존재입니다. 천사는 언제 우리를 섬기라고 보내심을 받을까요? 하나님의 뜻을 이 땅에 이룰 때입니다. 하나님의 뜻은 무엇인가요? 구원입니다. 하나님이 구원받은 사람들을 섬기라고 천사를 보내십니다.

히 1:14 우리말성경 **모든 천사들은 구원을 상속할 사람들을 섬기라고 하나님께서 보내신 섬기는 영들이 아닙니까?**

천사는 초자연적인 임무를 띠고 내려옵니다. 불가능한 상황에서 구원이 일어나야 할 때 천사들은 우리 가운데서 더 많이 활동합니다. 천사가 우리를 돕기 위해서는 우리가 먼저 초자연적인 역사가 필요하다는 것을 느끼고 기도로 요청해야 합니다.

성경에 불가능한 상황을 놓고 기도한 인물 중에 다니엘이 있습니다. 다니엘이 기도하자 천사가 와서 말했습니다.

단10:12 그가 내게 이르되 다니엘아 두려워하지 말라 네가 깨달으려 하여 네 하나님 앞에 스스로 겸비하게 하기로 결심하던 첫날부터 네 말이 응답받았으므로 내가 네 말로 말미암아 왔느니라

다니엘이 기도했을 때 하나님은 그 응답으로 천사를 보내 주셨습니다. 그런데 그 천사는 방해를 받았습니다. 다니엘은 계속 기도했고, 그 기도 덕분에 천사장 미가엘이 싸움에 파견되었습니다. "네 기도 때문에 내가 왔다"고 천사는 다니엘에게 말했습니다. 성도의 기도에 대한 응답으로 천사들이 보냄을 받습니다. 우리도 기대합시다. 하나님의 뜻이 이루어지도록 도와줄 것을 기대합시다. 우리는 천사들을 향해 명령할 수는 없으나 하나님께 요청할 수는 있습니다. 초자연적인 일이 하나님의 영역이라고 믿는 성도가 천사를 요청할 때 하늘의 군대가 하나님의 뜻을 수행하기 위해 바쁘게 움직일 것입니다.

벧엘에서 꿈에 사닥다리를 오르락내리락하는 천사들을 본 야곱은 20년간의 하란 생활을 끝내고 집으로 돌아올 때 다시 천사들을 봅니다.

창 32:1-2 야곱이 길을 가는데 하나님의 사자들이 그를 만난지라 야곱이 그들을 볼 때에 이르기를 이는 하나님의 군대라 하고 그 땅 이름을 마하나임이라 하였더라

천사의 등장은 야곱 이야기의 앞뒤를 감싸는 구조를 이루고 있습

니다. 첫 번째는 라반을 만나기 전이고, 두 번째는 에서를 만나기 전입니다. 벧엘의 하나님이 약속을 이루고 계신다는 증거가 바로 그분이 천사들, 하나님의 군대를 보내신 것입니다. 형 에서와 대면하기 위해 떠나는 야곱을 돕기 위해 천사들, 즉 하나님의 군대가 왔습니다.

"마하나임"은 '두 군대' 혹은 '두 진영'이란 뜻입니다. 이번 천사의 모습은 군대였습니다. 왜냐하면 에서와의 전투를 앞두고 있기 때문입니다. 하나님의 군대는 싸우기 위해 야곱을 스쳐 지나갔습니다. 에서와 싸워서 그의 마음을 부드럽게 누그러뜨리려 간 것입니다.

벧엘에서 천사를 봤던 야곱은 영적인 실체에 눈을 떴습니다. 사닥다리 위의 천사를 본 것은 야곱에게 새로운 영적 경험이었습니다. 내가 경험하지 못했다고 실체가 없는 것은 아닙니다. 야곱은 배워 가야 했습니다. 벧엘에서 천사를 만나는 경험을 했기에 마하나임에서 천사를 알아볼 수 있었습니다. 벧엘에서는 꿈에 환상으로 봤는데, 마하나임에서는 길을 가다 봤습니다. 이제 눈이 열려 길을 지나는 천사들을 알아볼 수 있게 된 것입니다.

기도하다 보면 하나님이 주시는 새로운 영적인 경험들을 하게 됩니다. 경험을 통해서 알 수 있는 것들이 있습니다. 꿈과 환상, 음성 듣기 등 한 번 경험하면 하나님이 계속 더하여 주십니다. 한 번 새로운 영적 경험을 하게 되면 삶과 사역에 변화가 있습니다. 통이 꽉 차면 더 이상 무언가 들어갈 여지가 없는 것처럼, 마음이 삶의 염려들로 가득 차 있으면 하나님이 주시는 것들을 자기도 모르게 차단하게 됩니다. 기도는 하지만 하나님께 집중하지 않으면 많은 생각으로 분주해서 하나님의 음성을 듣기 어렵습니다. 하나님이 꿈이나 환상에서 보여 주시거나 마음에 떠오르게 하시는 하나의 그림은 천 마디의 이야기를 할 수 있습니다. 영적 경험을 하면 새로운 세계가 열립니다.

날마다 하늘과 연결되어 사는 놀라운 삶

요즘 각종 SNS를 보면 수만 가지 조언이 나옵니다. 마음이 무너질 때 지키는 법, 나를 무시하는 사람을 상대하는 법 등 수없이 많습니다. 현대인들은 누가 정리한 것인지도 모르면서 쏟아지는 정보를 받아들입니다. 그러나 그런 말들은 막상 조언이 필요한 위기의 순간에 능력이 되지 못합니다. 인간의 지식에서 나온 것이기 때문입니다. 책들이 수없이 쏟아져 나오지만 권위를 가지고 내 삶을 이끌어 줄 능력이 없습니다.

야곱은 이 땅에서 치열하게 산 사람 중 하나입니다. 그는 조부 아브라함, 아버지 이삭의 후손이라는 하드웨어만 있었지 믿음의 후손답게 사는 것이 무엇인지에 대한 소프트웨어가 없었습니다. 영적인 축복을 사모했지만 진정한 영적인 축복이 무엇인지 경험하지 못했습니다. 아버지를 속여 축복받은 결과 아버지의 집을 떠나 도망하게 되었습니다. 아마도 그에게는 '내가 한 행동이 옳은 것일까?'라는 자책이 밀려왔을 것입니다. 그때 사닥다리 위에 하늘이 열려 하나님이 서 계신 것을 보았고 말씀하시는 것을 들었습니다.

창 28:15 내가 너와 함께 있어 네가 어디로 가든지 너를 지키며 너를 이끌어 이 땅으로 돌아오게 할지라 내가 네게 허락한 것을 다 이루기까지 너를 떠나지 아니하리라 하신지라

야곱의 인생에서 가장 절박할 때 하나님이 답을 주셨습니다. 야곱은 그때 처음으로 자기의 하나님을 만났습니다. 지금까지 조부 아브라함의 하나님, 아버지 이삭의 하나님으로만 알고 있었는데, 이곳에서 비로소 자신의 하나님을 체험하게 되었습니다. 자기의 하나님을 만나고 하나님의 말씀을 들을 때 믿음이 자랍니다. 하나님의 말씀을 듣지 않으면 믿음이 자랄 수 없습니다. 말씀을 정기적으로 듣지 않으면 그리스도인으로 살 수 없습니다.

잠 29:18 묵시가 없으면 백성이 방자히 행하거니와 율법을 지키는 자는 복이 있느니라

이 말씀은 계시가 없으면 제자리를 빙빙 돌며 부르심의 목적에 이르지 못한다는 뜻입니다. 하나님의 말씀이 없으면 하나님의 백성인데도 망할 수밖에 없습니다. 말씀은 하나님의 시각에서 삶을 바라보는 능력을 줍니다. 하나님의 눈을 통해 현재의 상황을 바라보지 못하면 자기 삶의 의미를 알 수 없습니다. 가장 절박한 순간에 누구를 찾나요? 그 순간 가장 필요한 말을 누구에게 들을 것입니까?
매일 하는 말씀 묵상과 기도가 제게는 하늘과 연결된 사닥다리

였습니다. 그럴 때마다 임재하신 하나님이 말씀해 주시기를 기대했습니다. 두려울 때도, 혼란스러울 때도, 뒤로 물러나고 싶을 때도 말씀으로 답해 주시기를 간구했습니다. 그때마다 하나님은 제가 묵상한 말씀으로 답해 주셨습니다. 말씀이 떠오르는 순간, '하나님이시구나!' 하고 깨달았습니다. 야곱처럼 '여호와께서 여기 계시는구나!' 하고 알았습니다. 말씀을 들을 때 하나님을 실제 만나 그분의 음성을 들은 것처럼 느꼈습니다.

제가 생각해 낸 것이 아니라 하나님이 말씀하셨음을 알 수 있었던 이유는 제 생각보다 하나님이 훨씬 나은 지혜를 주셨기 때문입니다. 저에게서는 나올 수 없는 영감을 받고 그대로 순종할 때 초자연적인 평강이 임했기 때문입니다. 믿음이 생겼기 때문입니다. 가장 절박한 문제에 답을 주신 하나님을 만난 야곱은 이렇게 고백했습니다.

창 28:16-17 **야곱이 잠이 깨어 이르되 여호와께서 과연 여기 계시거늘 내가 알지 못하였도다 이에 두려워하여 이르되 두렵도다 이곳이여 이것은 다름 아닌 하나님의 집이요 이는 하늘의 문이로다 하고**

야곱은 하나님이 브엘세바에만 계신 것이 아니라 사람이 살지 않는 빈 들판인 여기에도 계신다는 사실을 깨닫고 크게 감격했습니다. 그래서 그곳을 '하나님의 집'이란 뜻을 가진 '벧엘'이라 이름 지었습니다. '하나님의 집'이란 하나님이 임재하시고, 택한 백성이 하나님을 만나는 장소라는 뜻입니다. 야곱은 바로 그 들판에서 하나님의 임재를 체험하고 하나님을 만났기 때문에 그곳을 하나님의 집이라 불렀습니다.

여호와께서는 계시는데 사람은 모를 수 있습니다. 하나님의 집에 있지만 그 사실을 모를 수 있습니다. 꿈에 환상을 보기 전의 야곱과 같은 것입니다. 야곱은 하나님이 어디에나 계시지만 그 사실을 알지 못하고 살았습니다. 하나님이 임재하시는데, 많은 사람이 그분의 임재를 알지 못한 채 살아가고 있습니다. 그러나 하나님의 임재를 인식하게 된 사람은 그 순간 완전히 변화됩니다. 야곱은 하나님을 만난 곳을 건물도 없는데 '집'이라 했습니다. 사람으로 하나님의 집이 된 첫 번째 성취는 예수님이십니다. 예수님이 나다나엘에게 말씀을 하시는 장면이 요한복음에 나옵니다.

> **요 1:50-51** 예수께서 대답하여 이르시되 내가 너를 무화과나무 아래에서 보았다 하므로 믿느냐 이보다 더 큰 일을 보리라 또 이르시되 진실로 진실로 너희에게 이르노니 하늘이 열리고 하나님의 사자들이 인자 위에 오르락내리락하는 것을 보리라 하시니라

하나님의 집에 대한 계시가 예수님에게서 다 나타나고 있습니다. 예수님은 야곱의 계시에 대한 구체적인 실현이십니다. 예수님은 이 땅에 계시면서 하늘과 연결된 삶, 하나님의 말씀을 듣는 삶을 사셨습니다. 그분 위에 천사가 오르락내리락하셨습니다. 하나님의 집은 예수님을 시작으로 성취되었습니다. 예수님은 이 땅에 있는 하나님의

집이셨습니다. 그다음으로는 우리가 성령이 거하시는 장막이 되어, 하나님이 영원히 거하실 처소가 되었습니다. 하나님은 우리 안에 거하실 뿐 아니라 천사들이 임무를 띠고 오르락내리락할 집을 원하십니다. 우리 사닥다리들은 오랜 기간 사용되지 않고 방치되어 있습니다. 우리가 초자연의 세계를 기대하지 않기 때문에 천사들이 오고 가는 일도 없습니다.

야곱은 그곳을 '하늘의 문'이라고 불렀습니다. 영적인 세계로 난 통로이며 입구가 있다는 것을 그는 알았습니다. 문은 열고 들어가면 다른 장소로 옮겨 갈 수 있는 곳을 뜻합니다. 문은 다른 차원으로 갈 수 있는 입구입니다. 예수님은 자신을 가리켜 '문'이라 말씀하셨습니다. 주님은 구원으로 들어가는 유일한 문이시며 다른 어떤 문도 있을 수 없습니다. 그 문을 열 수 있는 열쇠는 하나님을 매일 만나고자 하는 갈망함이요 친밀함입니다. 우리 또한 문이며 이 문을 통해 하늘의 것들을 풀어 놓을 수 있습니다.

> 계 3:7-8 빌라델비아 교회의 사자에게 편지하라 거룩하고 진실하사 다윗의 열쇠를 가지신 이 곧 열면 닫을 사람이 없고 닫으면 열 사람이 없는 그가 이르시되 볼지어다 내가 네 앞에 열린 문을 두었으되 능히 닫을 사람이 없으리라 내가 네 행위를 아노니 네가 작은 능력을 가지고서도 내 말을 지키며 내 이름을 배반하지 아니하였도다

예수님이 교회에 주신 약속입니다. 빌라델비아 교회 앞에 열린 문

을 두셨기에 복음을 전할 사역의 문이 열렸습니다. 우리는 하늘의 구원이 이 땅에 임하도록 하는 통로의 역할을 하는 사람들입니다. 천사들이 구원을 위해 오르락내리락할 수 있도록 기도해야 합니다. 하늘이 열리면 야곱이 하나님을 보았듯이 하나님의 임재를 느낄 수 있습니다. 하나님의 임재가 있는 곳에 부흥이 있습니다.

세상에 편만하신 신의 존재를 인정하는 사람은 있습니다. 그러나 그 하나님이 내 안에 거하신다는 사실을 받아들이는 사람은 적습니다. 내가 하나님의 집이요 하늘의 문을 여는 자라는 사실을 아는 사람은 임재하신 하나님이 내 안에서 말씀하시는 일을 날마다 경험합니다. 이것이 하나님을 모르는 사람과 아는 사람의 차이입니다.

우리는 이미 하나님의 집입니다. 이미 하늘의 문을 여는 존재입니다. 우리가 할 일은 매일 매 순간 하늘로 난 사닥다리가 있다는 것을 알고, 하나님이 내 삶에서 필요한 순간에 천사를 보내 주실 줄 믿고 그분이 무슨 말씀을 하시는지 들으며 사는 것입니다. 내 능력 밖의 싸움을 싸워야 할 때는 하나님이 군대를 보내 주실 것을 믿어야 합니다. 그것을 믿지 못하고 두려워할 경우 씨름 같은 기도도 하게 하실 것입니다. 전날 본 하나님의 얼굴이 다음 날 사람과의 관계에 영향력을 발휘할 것입니다. 나를 대적하는 사람의 얼굴에서 하나님의 얼굴을 보게 될 것입니다. 일가족이 위험에 처하는 것 같은 큰 위기에서는 또 한 번 새롭게 하나님을 경험하게 될 것입니다.

5장

오늘 내가 이렇게 사는 이유는 거룩 때문이다

기도를 배워 가는 과정에 하나님은 거룩에 대해 가르쳐 주십니다. 성경 어느 본문을 펼쳐도 하나님은 죄에 대해 말씀하십니다. 저는 처음에는 그 죄 때문에 오히려 하나님을 멀리하고 싶었는데, 어느 때부터인가 내 죄 때문에 가슴 아파하시는 하나님의 마음이 느껴지기 시작했습니다.

저는 성경을 읽는 목적도 나의 유익을 위해서였고, 기도하는 목적도 내가 원하는 것을 얻기 위해서였습니다. 그런데 성경을 묵상하다 보니 하나님의 목적과 내가 사는 목적이 다르다는 것이 깨달아졌습니다. 늘 죄에 대해서 말씀하시는 하나님은 그분 자체가 거룩이시고, 그래서 우리도 거룩하기를 원하십니다. 하나님이 원하시는 우리 삶의 목적도 거룩입니다. 가정의 목적도 거룩입니다. 하나님은 결혼을 통해 무엇을 원하실까요? 에베소서를 보면, 하나님이 교회와 가정에 원하시는 것이 똑같습니다. 바로 거룩입니다.

엡1:4 곧 창세전에 그리스도 안에서 우리를 택하사 우리로 사랑 안에서 그 앞에 거룩하고 흠이 없게 하시려고

하나님은 결혼을 통해 거룩한 가정을 이루기를 원하십니다. 이를 알게 되면 자녀의 결혼을 위한 기도 제목이 달라집니다. '내 자녀가 지금 결혼한다면 거룩한 가정을 이룰 수 있을까? 거룩한 자녀를 키울 수 있을까?' 생각하게 되는 것입니다. 결혼의 목적이 거룩을 이루는 것이라면 지금 자녀의 결혼이 이루어지기를 기도하는 것이 아니라, 이 시간을 지나면서 거룩을 이루어 낼 수 있도록 기도해야 합니다. 그럴 때 자녀들이 힘든 시간을 보내고 있을지라도 거룩을 위해서임을 알게 되고, 그럴 때 그 시간이 의미 있습니다.

지금 상황에 '거룩'이라는 목적을 넣어 보십시오. 해석이 됩니까? 많은 것이 이해가 되나요? 거룩이라는 목적 때문에 지금 이 시간이 필요하다고 생각되나요? 오늘 내가 이렇게 사는 이유가 거룩 때문입니까? 이 가정과 직장, 이 공동체에서 왜 씨름하며 살고 있는지요? 그 목적이 거룩입니까? 만약 이 사실을 모른다면 나는 하나님과 다른 길을 가고 있는 것입니다. 그래서 신앙생활을 하면서도 괴롭습니다.

그렇다면 거룩이 무엇인가요? 거룩이란 말이 얼마나 추상적인가요? 내 삶에서 거룩을 이루기 위해 산다는 것은 어떻게 사는 것을 의미할까요?

흔히 우리는 거룩이라고 하면 금욕을 생각하고, 율법주의, 형식주의를 먼저 떠올립니다. 예수님 당시, 소위 거룩하다고 여기던 제사장

들이나 바리새인들이 '외식한다'고 책망받은 이유는 거룩의 의미를 잘못 알고 적용했기 때문입니다. 히브리어로 '거룩'의 의미는 '하나님을 위해 따로 떼어 놓음, 구별됨'입니다. 이 의미를 사람에게 적용하면 '성도'가 되고, 물건에 적용하면 '성물'이 됩니다.

그런데 거룩이란 말을 들을 때 마음속에 어떤 생각이 떠오르나요? 교회 안에서조차 왜 거룩이란 말이 진부하게 느껴질까요? 그것은 교회 안에 거듭나지 않은 사람이 많기 때문입니다. 세상과 구별되지 않은, 세속적인 그리스도인이 교회 안에 너무도 많기 때문입니다. '요즘 세상에 거룩이라니, 어떻게 그렇게 살 수 있어?'라고 생각한다면 내 안에 이미 세속성이 가득 차 있어서 세상과 구별된 내 삶을 생각해 보지 않았다는 뜻입니다.

이런 시대에 거룩을 내 삶에 실제로 적용한다는 것은 무슨 의미일까요? 거룩의 가장 기본적인 뜻은 '구별됨'이라고 했습니다. 하나님이 거룩하신 것은 피조물과 구별되는 존재이시기 때문입니다. 그 하나님이 우리도 거룩하도록 부르셨습니다. 우리는 구별된 자들입니다.

이 말을 결혼으로 비유해 보자면, 아내는 남편과 결혼함으로 다른 남자들에게서 구별되었습니다. 새로운 관계로 들어간 것입니다. 아내가 결혼한 후에도 다른 남자들과 자신을 구별 짓지 않는다면 결혼했다고 할 수 있습니까? 구별 짓는 사람을 진부하다고 할 수 있습니까? 아내는 이제 남편과 연합하여 남편을 즐거워하고, 무엇보다 남편을 사랑해야 합니다. 무슨 일이 있으면 다른 남자와 의논하지 않고 남편에게 의견을 물어야 합니다. 그리고 마음을 합하여 함께 이루어 나가야 합니다. 아내는 어떤 행동을 할 때 '남편이 이것을 기뻐할까?'를 먼저 생각해야 합니다. 이것이 연합입니다. 두 사람의 개성은 살아 있지만 마음은 하나입니다.

그러고 보니 거룩함, 구별됨이란 그 존재와 연합하는 것입니다. 그 존재와 하나 되는 것이 구별됨이요 거룩함입니다. 우리는 배우자와 하나 되기 위해 대가를 치릅니다. 때로는 고군분투하며 지켜 냅니다. 이 구별됨의 본질은 사랑입니다. 이처럼 거룩은 내가 연합하기 위한 존재를 위해 자신이 다른 것들에 대해 구별된 사람임을 아는 것입니다. 이제 나 혼자가 아니라 연합한 그리스도가 계시다는 사실을 아는 것입니다. 그분이 어떻게 생각하시느냐가 내 삶의 기준이 됩니다.

하나님은 세상과 구별된 존재로 우리를 부르셨는데 우리는 수시로 세상과 벗 되려고 합니다. 세상대로 살지 못하면 죽는 줄 알아 세상이 즐거워하는 대로 하고 세상이 흘러가는 대로 가고 싶어 합니다. 그러나 하나님과 세상을 동시에 만족시킬 수는 없습니다. 우리는 세상에서도 잘 살고 있다고 인정받기를 원하나 세상과 하나님, 둘과 동시에 결혼생활을 유지할 수는 없기 때문입니다.

거룩을 말할 때 성경에서 누가 생각나나요? 이사야 선지자입니다. 이사야 6장에서 그는 하나님의 모습을 보았습니다. 그가 본 하나님의 존재 자체가 거룩이었습니다. 천사들이 하나님을 향하여 "거룩하다 거룩하다 거룩하다"고 찬양할 때 이사야는 하나님의 거룩에 압도되었습니다. 이사야서에는 하나님을 "이스라엘의 거룩한 자"라고 표현한 경우가 총 50회나 나오는데, 이는 이사야만이 하나님께 붙인 독특한 이름입니다. 그 이유는 바로 그가 하나님의 거룩을 보았기 때문입니다. 하나님의 존재 자체가 거룩인 것을 보자 자기가 어떤 사람인지가 보였습니다. 그는 "나는 입술이 부정한 사람이요 입술이 부정한 백성 중에 거하는 자구나"라고 고백했습니다. 거룩하신 하나님과 대비되어 자기와 자기 백성의 형편을 알게 되었습니다.

> **사 1:3-4** 소는 그 임자를 알고 나귀는 그 주인의 구유를 알건마는 이스라엘은 알지 못하고 나의 백성은 깨닫지 못하는도다 하셨도다 슬프다 범죄한 나라요 허물 진 백성이요 행악의 종자요 행위가 부패한 자식이로다 그들이 여호와를 버리며 이스라엘의 거룩하신 이를 만홀히 여겨 멀리하고 물러갔도다

입술이 부정한 백성과 거룩하신 하나님은 함께할 수가 없습니다.

> **사 6:9** 여호와께서 이르시되 가서 이 백성에게 이르기를 너희가 듣기는 들어도 깨닫지 못할 것이요 보기는 보아도 알지 못하리라 하여

하나님은 거룩함을 입은 이사야를 백성에게 보내시지만 이 백성은 듣지도, 보지도, 이해하지도 못할 것이라고 말씀하셨습니다. 이와 같이 말씀하신 이유는 그들의 완악함 때문입니다. 그들은 마음을 굳게 닫고 여호와의 말씀을 듣지 않기로 결심한 자들이었습니다. 예수님도 이 말씀을 인용하셨습니다. 제자들이 예수님께 왜 사람들이 이

해할 수 없게 비유로 말씀하시느냐고 물을 때 이 말씀으로 대답하셨습니다.

> 막 4:11-12 이르시되 하나님 나라의 비밀을 너희에게는 주었으나 외인에게는 모든 것을 비유로 하나니 이는 그들로 보기는 보아도 알지 못하며 듣기는 들어도 깨닫지 못하게 하여 돌이켜 죄 사함을 얻지 못하게 하려 함이라 하시고

예수님은 구별된 제자들에게는 하나님 나라의 비밀을 알려 주지만, 구별되지 않은 세상은 깨닫지 못할 것이라고 말씀하셨습니다. 예수님의 존재 자체가 구별되지 않은 사람들에게는 이해할 수 없는 대상이었습니다. 예수님이 많은 사람을 넘어지게도 하시고 일어나게도 하시는 것은 거룩함 때문입니다. 세상은 거룩을 좋아하지 않습니다. 왜냐하면 자기들과 구별되기 때문입니다. 예수님이 그런 우리의 정체성을 상기시켜 주시니까 그분을 싫어하는 것입니다. 진리를 듣고 싶어 하지 않는 것입니다.

우리가 죄지은 것이 있을 때 깊은 나눔을 하는 모임에 가고 싶을까요? 기도하는 사람을 만나고 싶을까요? 그렇지 않습니다. 그 이유는 바로 칼이 마음을 찌르듯 내 생각을 드러내는 것을 견디지 못하기 때문입니다. 그러나 하나님과 계속 함께 가기를 원한다면 이런 하나님을 만나야 합니다. 날마다 칼이 내 마음을 찌르듯 하는 시간을 가질 때 내 안에 세속성이 가득 차 있음을 보게 될 것입니다. 세속성이 가

득 차게 되면 하나님을 붙잡기보다 세상을 붙잡게 됩니다. 그런 사람에게 거룩은 참 비현실적인 말입니다.

거룩을 붙잡지 않은 삶은 깨어진다

이사야서 7장에는 이사야가 아하스왕을 만나는 이야기가 나옵니다. 아하스는 하나님을 붙잡기보다 세상을 붙잡은 사람입니다.

> **사 7:2** 어떤 사람이 다윗의 집에 알려 이르되 아람이 에브라임과 동맹하였다 하였으므로 왕의 마음과 그의 백성의 마음이 숲이 바람에 흔들림같이 흔들렸더라

"다윗의 집에 알려"라는 말은 아하스왕이 바로 다윗의 집에 속한 유다의 왕이라는 의미입니다. 그런 아하스에게 아람과 북이스라엘이 동맹했다는 소식은 다윗의 왕조가 끊어질 위협이 된다는 뜻이었습니다. 그 소식을 들은 왕의 반응이 어떠했습니까? 왕의 마음과 그의 백성의 마음이 숲의 나무들이 세차게 부는 바람에 흔들리듯이 요동쳤습니다. 다윗 왕조에 대한 하나님의 약속이 있음에도 불구하고, 들려온 소식에 '이제 다윗 왕조가 끊어지는구나' 하며 마음이 흔들린 것입니다.

어떤 소식을 들을 때 마음이 요동치나요? 우리에게는 날마다 그런 소식이 들려옵니다. 하나님의 약속과 그동안 드린 기도가 있는데

도 날마다 들려오는 소식은 하나님이 말씀하신 것과 달라서 우리 마음은 요동칩니다. 그럴 때는 어떻게 해야 하나요? 내 안의 세속성은 세상을 보게 합니다. 하지만 우리가 살 길은 세상과 구별되신 하나님을 주목하는 것입니다.

그때 여호와께서 이사야에게 왕을 만나서 이렇게 말하라고 하셨습니다.

사7:4 그에게 이르기를 너는 삼가며 조용하라 르신과 아람과 르말리야의 아들이 심히 노할지라도 이들은 연기 나는 두 부지깽이 그루터기에 불과하니 두려워하지 말며 낙심하지 말라

'두 왕이 연합했으니 다윗 왕조는 끊어졌구나' 하고 왕의 마음이 몹시 흔들릴 때 하나님은 "이들은 연기 나는 두 부지깽이 그루터기에 불과하니 두려워하지 말며 낙심하지 말라"고 말씀하셨습니다. 숲이 바람에 흔들리듯 마음이 흔들리며 두렵고 낙심될 때는 이처럼 진리의 말씀을 들어야 합니다. "연기 나는 두 부지깽이 그루터기"가 무엇입니까? 그 두 왕은 이미 심판의 불에 다 타 버려서 겨우 끝에서 가느다란 연기만 피어오르고 있다는 뜻입니다. 그 불은 곧 꺼진다는 의미입니다. 그들은 다윗 왕조가 아니라 다른 사람을 왕으로 세우려고 했습니다. 그러나 하나님은 그 계획이 이루어지지 못할 것이라고 말씀하셨습니다.

사 7:9 만일 너희가 굳게 믿지 아니하면 너희는 굳게 서지 못하리라 하시니라

"굳게 믿지"에 해당되는 단어와 "굳게 서지"에 해당하는 단어가 원형으로는 동일한 히브리어 단어인 '아만'입니다. '아만'은 '아멘'의 어근입니다. 구약학자 차준희 교수님은 이 말씀을 다음과 같이 번역했습니다. "아멘을 고백하지 않는 사람은 아멘을 경험하지 못할 것이다." 즉 "하나님의 말씀을 '아멘!' 하고 믿으면 '아멘'의 현실로 바뀐다"는 뜻입니다. 현실과 너무 달라 믿어지지 않는 하나님의 말씀을 믿으라는 것입니다. 당장 내 눈앞에서 전쟁이 일어나려 하는 그때, 그래서 '다윗 왕조가 끝나는구나' 싶은 그때, "연기 나는 두 부지깽이 그루터기가 하는 일은 이루어지지 않는다"라는 약속을 주시는 하나님의 말씀에 "아멘!" 하면 '아멘'의 현실로 바뀐다는 뜻입니다. 하나님과 연합하려면 이런 동의가 필요합니다.

성경에 그런 기회가 있었던 사람이 있습니다. 마태복음 19장에서, 예수께 달려와 "제가 영생을 얻으려면 어떤 선한 일을 해야 합니까?"라고 질문한 부자 청년입니다. 그는 재산을 다 팔아 가난한 자들에게 나눠 주라는 순종하기 어려운 주님의 말씀에 슬픈 기색으로 예수님 앞을 떠나갔습니다. 재산을 다 팔아 나눠 주는 게 쉬운 일인가요? 아마도 그는 다 갖춘 것 같은 자기 삶에 영생을 더 추가하러 왔다가 졸지에 소유를 다 버리라는 말을 듣고는 이게 무슨 일인가 했을 것입니다. 재산 없이 살아갈 것이 얼마나 두려웠겠습니까? 앞으로 완전히

달라질 삶을 감당할 자신도 없었을 것입니다. 재산을 다 버리라고 하는 예수가 과연 그럴 만한 가치가 있는 분인지에 대한 믿음도 없었을 것입니다. 슬픈 얼굴로 떠나갈 수밖에 없는 그의 모습이 우리의 모습입니다.

우리는 하나님의 요구에 순종하기 어려울 때가 더 많습니다. "재산을 버리면 내 미래는 끝이에요. 주님은 왜 나한테만 이렇게 무리한 요구를 하시나요? 주님을 믿는 게 손해 같아요. 주님 때문에 이렇게 살아야만 해요?"라고 말하기 쉽습니다. 그럴 때마다 우리는 부자 청년처럼 예수님 앞을 떠나가야 할까요?

저는 몇 년 전 딸이 단기 선교를 떠날 때 기꺼이 순종하기가 어려웠습니다. '이것이 시작인가? 주님이 다음에는 또 어디로 데려가실까? 그냥 안전한 곳에서 예쁘게 자라다가 결혼해서 평범하게 살면 안 될까?' 하는 생각이 들었습니다. 그럴 때마다 저는 예수님 앞을 떠나가야 할까요? 우리가 주님께 빼앗길까 봐 두려워하는 것들을 주님은 너무나 잘 알고 계십니다. 그래서 부자 청년이 떠나간 후 "부자가 구원을 못 받는다면 도대체 누가 구원을 얻겠습니까?" 하며 놀라는 제자들에게 예수님은 이렇게 말씀하셨습니다.

마 19:26 예수께서 그들을 보시며 이르시되 사람으로는 할 수 없으나 하나님으로서는 다 하실 수 있느니라

예수님이 부자 청년에게 주시려는 것은 구원이었습니다. 그냥 돈

많은 삶을 살아가는 데에서 그치는 것이 아니라, '세상과 구별되어 구원을 얻게 하시려는 것'이었습니다. 거룩한 자녀가 되게 하시려는 것이었습니다. 사람은 그런 목적을 이룰 수 없지만 하나님은 우리에게 그 목적을 두고 이루실 수 있습니다.

부자에게는 돈이, 부모에게는 자식이 순종하기 어렵습니다. 어떻게 주님을 신뢰할 수 있을까요? 사람은 할 수 없다는 것을 우리 주님은 아십니다. 그래서 "사람에게는 불가능한 일이다. 그러나 하나님께는 모든 것이 가능하다"고 말씀하셨습니다. 아들을 보내신 하나님은 부모가 자식을 내놓는다는 것이 무슨 의미인지 아십니다. 우리 마음을 아십니다. 그 하나님을 신뢰하는 것이 순종할 수 있는 근거가 됩니다.

사람은 사람을 구원할 수 없습니다. 내 부모도, 자식도 나를 구원할 수 없습니다. 당연히 돈도 나를 구원할 수 없습니다. 그러나 하나님은 나를 구원하실 수 있습니다. '하나님보다 더 나를 구원해 줄 것'이라고 믿는 것이 우상입니다. 우상 같은 딸을 빼앗길까 봐 두려워하는 저에게 하나님은 딸을 향한 하나님의 목적이 거룩임을 알려 주셨습니다. '하나님의 목적이 거룩이기 때문에 딸이 선교를 떠나는구나. 이렇게 사는 것이구나. 이런 시간을 보내는 것이구나' 하며 많은 의문이 풀렸습니다.

내가 주님을 믿을 수 없을 때 주님을 떠나는 것이 아니라 나는 할 수 없다고 인정하고, 주님은 하실 수 있으니 주께 "아멘!"이라 고백해야 합니다. 그럴 때 내 안에 계신 하나님이 그 목적을 이루시는 것을 보게 됩니다.

　부자 청년이 해야 했던 일은 예수님 앞에 엎드려 "내 재산을 다 팔아 나눠 주라고요? 나는 못합니다. 그러나 하나님은 하실 수 있음을 믿습니다" 하고, 하나님께 "아멘!"이라 말하는 것이었습니다. 그는 자기가 할 수 없는 일이지만 그리스도로 말미암아 현실에서 '아멘'이 이루어지는 것을 보아야 했습니다.

　이사야에게 "가라. 가서 백성에게 말하라. 그러나 그들은 깨닫지 않을 것이다"라고 하신 하나님은 이어서 이렇게 말씀하셨습니다.

> 사 6:10 이 백성의 마음을 둔하게 하며 그들의 귀가 막히고 그들의 눈이 감기게 하라 염려하건대 그들이 눈으로 보고 귀로 듣고 마음으로 깨닫고 다시 돌아와 고침을 받을까 하노라

　"마음을 둔하게 하며"에서 '둔하다'는 '기름지게 하다, 뚱뚱하게 하다'라는 의미입니다. 마음이 두꺼운 기름으로 덮여 버리면 이미 바른 지각 능력이 없어집니다. 그런데 이렇게 마음이 둔해져서 깨닫지 못하게 하시는 주체가 여호와이십니다. 하나님을 배척하는 자들에 대한 하나님의 심판입니다. 새번역 성경에는 "그들이 보고 듣고 깨달았다가는 내게로 돌이켜서 고침을 받게 될까 걱정이다"라고 표현되어 있습니다. 거듭되는 회개의 호소에도 불구하고 끝까지 완악함을 버리지 않아 돌아올 기회를 스스로 버렸기 때문입니다.

　하나님의 음성을 거부한 백성은 집요하게 악을 고집한 그대로 하

나님께로 나아가는 길을 완전히 차단당했습니다. 하나님의 말씀에 불신앙으로 대적하는 자들은 보아도 알지 못하고 들어도 깨닫지 못하기 때문에 그 마음 그대로는 돌아와 고침받을 수 없다는 뜻입니다. 이사야는 그들이 언제까지 하나님의 말씀을 듣지 못하고 깨닫지 못하는지를 하나님께 여쭈었습니다.

> **사 6:11-12** 내가 이르되 주여 어느 때까지니이까 하였더니 주께서 대답하시되 성읍들은 황폐하여 주민이 없으며 가옥들에는 사람이 없고 이 토지는 황폐하게 되며 여호와께서 사람들을 멀리 옮기셔서 이 땅 가운데에 황폐한 곳이 많을 때까지니라

"사람들을 멀리 옮기셔서 이 땅 가운데에 황폐한 곳이 많을 때까지"는 그들이 바벨론 포로로 끌려갈 것을 말씀하신 것입니다. 하나님은 이사야에게 완전한 파멸의 때까지 백성에게 말하라고 명령하셨습니다. 말씀이 들리지 않고 깨달아지지 않는 완고함에 그냥 내버려 두라고 하신 것은 자기가 안전하게 거하던 곳에서 더 이상 살지 못하는 상황, 옮겨지고 심판받고 황폐한 후에야 비로소 그들이 들을 것을 말씀하신 것입니다. 우리는 죄성이 깊은지라 그럴 때만 하나님의 말씀을 듣고 깨닫습니다. 그래서 하나님은 이 재난을 피하게 하시려는 것이 아니라 당하게 하시려 합니다. 그들의 마음을 강퍅케 하여 재난을 피할 수 없도록 하십니다.

저도 기도하면서 "주여, 어느 때까지입니까?"라는 말을 수없이 한

것 같습니다. 주님의 뜻이 이해되지 않고 내 생각을 내려놓을 수 없는 완고함이 있었습니다. 그런데 마음이 황폐해지고 내 안정이 깨어질 때에야 비로소 내가 옳지 않다는 것을 알게 되었습니다. 깨어질 것이 깨어져야 합니다. 불타 버릴 것이 불타 버려야 합니다. 그래야 불타지 않을 것만 남게 됩니다. 내가 그동안 타 버릴 것들을 쌓아 놓고 살아 왔다는 것을 알게 됩니다. 하나님은 본질만 남게 하십니다. 결국에는 나를 향한 하나님의 목적만 이루어집니다.

시골집에서 불이 나면 외양간의 소를 끄집어내는 일이 큰일이라고 합니다. 소는 절대로 밖으로 나오지 않으려 한다고 합니다. 아무리 힘센 장사가 끌어내도 안 된다고 합니다. 그런데 꿈쩍도 않는 소를 밖으로 신속하게 끌어내는 방법이 하나 있는데, 소의 여물통을 뒤엎는 것입니다. 그러면 소가 '아, 이제는 이곳에 소망이 없구나. 이곳에는 더 이상 내가 먹을 것이 없구나'라고 생각해서인지 제 발로 밖으로 나온답니다.

우리는 외양간의 소처럼 순순히 순종하지 못합니다. 여물통이 뒤 엎어지면 하나님을 원망합니다. 그러나 여물통이 엎어지지 않으면 불에 타 죽는다는 것을 우리는 알지 못합니다. 여물통을 엎으시는 하나님은 우리를 죽이려는 게 아니라 살리려 하십니다.

거룩을 붙잡지 않은 삶은 깨어집니다. 이제 거룩을 붙잡고 살게 된 것이 감사한 일입니다. 다 잃어버린 것 같으나 거룩이 다시 사는 목적이 되었다면 감사한 일입니다. 거룩을 위해서는 대가를 치러야 합니다. 나 자신이 황폐해지기까지 그 과정은 너무도 고통스럽습니다. 자녀들이 그런 과정을 겪는 모습을 지켜보는 것도 고통스럽습니다. 그러나 하나님이 준비하신 것이 있습니다.

하나님은 거룩한 씨를 남겨 두신다

사6:13 그중에 십분의 일이 아직 남아 있을지라도 이것도 황폐하게 될 것이나 밤나무와 상수리나무가 베임을 당하여도 그 그루터기는 남아 있는 것같이 거룩한 씨가 이 땅의 그루터기니라 하시더라

하나님은 나무들이 다 베임을 당해도 그루터기는 남아 있는 것같이, 거룩한 씨가 남아 있을 것이라고 말씀하셨습니다. 삶이 황폐해진 후 남는 것은 거룩한 씨입니다. 하나님은 심판을 통하여 그분의 거룩함을 드러낼 거룩한 씨를 남겨 두십니다. 거룩한 씨로 남은 사람들은 이런 사람들입니다. 앗수르에 망하지만 앗수르 때문이 아니라 내게 원인이 있다는 것을 아는 사람들, 그러므로 앗수르가 제거되기를 바라는 것이 아니라 내가 제거되어야 함을 고백하는 사람들입니다. '누구누구 때문에 내가 이렇게 되었다' 하는 분노가 있습니까? 원망이 있습니까? 거룩한 씨로 남는다는 것은 그 사람이 아니라 나 때문임을 아는 것입니다.

지금의 내 모습과 다른 완전히 새로운 시작이 있어야 함을 아는 사람들은 내 삶이 황폐해지는 것이 마땅하다고 인정하고 대가를 치

르는 시간을 통과합니다. 바로 그들이 다 베임을 당한 후에도 남아 있는 그루터기 같은 자들입니다. 다시 한 번 하나님과 새로운 관계를 소망하는 사람들이 '남은 자들'입니다.

이사야가 이 예언을 한 당시는 다윗 왕조의 존속 자체가 불확실했습니다. 그런 때 하나님은 다윗의 후손이 왕으로 세워질 것을 말씀하셨습니다.

> **사 11:1-2** 이새의 줄기에서 한 싹이 나며 그 뿌리에서 한 가지가 나서 결실할 것이요 그의 위에 여호와의 영 곧 지혜와 총명의 영이요 모략과 재능의 영이요 지식과 여호와를 경외하는 영이 강림하시리니

"이새의 줄기"는 베어져서 쓰러진 다윗 왕조를 가리킵니다. 몰락한 다윗의 가문 이새의 집안에서 한 가지가 나옵니다. 그루터기만 남은 보잘것없는 가문인 이새의 줄기에서 난 한 싹, 그 뿌리에서 나온 한 가지가 메시아입니다. 내가 죽고 죽어 아무것도 안 남은 것 같은 때, 황폐해지고 옮겨지고 다 죽은 것 같은 때 하나님이 남기신 줄기에서 한 싹이 나서 그리스도가 결실한다고 말씀하셨습니다.

그리스도의 나라는 세상 나라와 완전히 다릅니다. 그리스도는 하나님께 항상 "예, 아멘"을 하셨습니다. 그 결과 이 땅에 오셔서 우리 대신 베임을 당하셨습니다. 우리 죄로 인한 하나님의 심판을 견디어 내시고 대속을 이루시는 거룩한 씨가 되어 주셨습니다.

돌아보면 저도 삶의 황폐한 자리, 안정을 깨뜨리는 자리가 있을

때 비로소 말씀을 붙잡았습니다. 그런 시간에 어느 때에는 '하나님이 나를 잊으셨는가? 내가 벌을 받는구나' 했지만, 그 시간 때문에 거룩한 씨로 남아 있는 것을 봅니다. 나를 향한 하나님의 목적이 거룩임을 알게 되었습니다. 교회에서 사역을 하는 분들 가운데 황폐한 자리에 계신 분들, 안정된 자리에서 옮겨지는 것 같은 환경에 처한 분들이 많은 것을 보면서 해석되지 않는 의문이 있었습니다. 왜 그런 고난이 있는지 이상했는데, 이사야서 말씀을 묵상하며 그런 자리에 있을 때에야 사람들은 비로소 말씀을 듣고 깨닫는다는 것을 알게 되었습니다. 그분들이 거룩한 씨로 남았다는 것을 알게 되었습니다.

지금 황폐한 자리에 있습니까? 내 안정을 깨뜨리고 옮기게 하시는 일이 있습니까? 황폐함으로 인해 하나님께 나아가게 될 것입니다. 하나님이 거룩의 목적을 이루려 하시기 때문입니다. 나는 할 수 없지만 하나님께 "아멘!"으로 답하며 붙어 있어야 합니다. 나는 할 수 없지만 새 시작을 위하여 그리스도를 주신 하나님께 "아멘!"으로 답하며 붙어 있을 때 내 안의 그리스도가 하시는 새로운 일들을 보게 될 것입니다. 그분이 거룩을 이루시는 것을 볼 것입니다.

하나님을 거부하는 세상에서 정체성 지키기

요즘 주위에서 특히 젊은 세대들이 좌절을 많이 겪는 것을 봅니다. 환경과 경제뿐 아니라 정신과 영적으로도 우리 때보다 더 힘든 시대를 살아야 할 것 같습니다. 그 모습을 지켜보고 있는 우리 세대가 힘든 것은 자녀가 소망을 잃으면 우리도 소망을 잃기 때문입니다.

성경에 어려운 시대를 만났지만 정체성을 지켰기에 살아남은 젊은이들의 이야기가 있습니다. 바로 적대적인 바벨론에서 살아남은 다니엘의 세 친구입니다. 그들은 하나님의 통치를 거부하는 세상에서 살아야 했음에도 자신들의 정체성을 지켰습니다.

다니엘 3장에서 다니엘의 세 친구 사드락, 메삭, 아벳느고는 느부갓네살이 세운 금 신상에 절하라는 강요를 받았습니다. 느부갓네살 왕은 다니엘의 꿈 해석을 통해 바벨론 제국이 산산조각 날 수도 있다는 두려움에 사로잡혀 제국의 통일성을 다져야겠다고 생각했던 것 같습니다.

느부갓네살이 세운 금 신상에 절하라는 강요를 받았는데도 세 친구는 금 신상에 절하지 않았습니다. 그들은 다니엘의 꿈 해석을 통해서 신상의 실체를 알고 있었습니다. 느부갓네살이 무너지지 않으려는 의지로 세운 금 신상이었지만, 세 친구는 이미 그 신상이 무너질 것을 알았습니다. 느부갓네살의 꿈에서 무너진 신상은 하나님의 통치를 거부하는 모든 인간 세상을 대표한다고 봐야 합니다. 하나님을 대적하는 나라는 언제 어디서 세워지든 거대한 한 신상에 속한 부분 왕국입니다. 하나님 나라에 의해 무너질 '한 인간 나라'입니다.

온몸을 지탱해야 할 그 신상의 발이 가장 취약했습니다. 발은 철과 진흙으로 만들어졌습니다. 철의 강함과 진흙의 연약함이 다 있는 것입니다. 인간의 나라는 시대가 흐를수록 하나님을 대적하고, 죄에 대해 더 무감각해집니다. 영적 무감각과 하나님에 대한 반발심은 철의 강도만큼이나 강할 것입니다. 한편 인간 세상은 진흙처럼 연약한 측면도 있습니다. 영적, 도덕적 측면에서 보면 약해져 가고 있어서 위기에 부딪힐 경우 그 쌓은 모든 것이 삽시간에 무너져 내리고 맙니다. 우리는 코로나19 바이러스로 인해 전 세계가 무너지는 것을 보지 않았습니까? 우리 자신을 영화롭게 하려고 쌓은 많은 것은 하나님 나라에 의해 산산조각 날 우상들에 불과합니다. 세계 제국들은 하나님의 손에 반드시 멸망한다는 것을 다니엘서에서 볼 수 있습니다.

반면에 하나님이 장차 세상 나라를 멸하고 세우실 하나님의 나라는 영원하고 견고하고 결코 무너지지도 쇠하지도 않습니다. 하나님의 통치는 그리스도의 오심을 통해, 그분의 죽음과 부활 안에서 시작되었습니다. 무시무시한 신상을 무너뜨린 것은 아무도 손대지 않았는데 날아온 돌이었습니다. 아무도 손대지 않았는데 날아온 돌, 뜨인 돌은 초자연적인 존재임을 나타냅니다.

돌은 원래 신상의 금, 은, 놋, 철보다 훨씬 더 강도가 약하고 가치도 떨어지는 물질입니다. 하지만 철과 흙으로 구성된 발 부분을 강하게 침으로써 그토록 강력해 보이는 신상을 완전히 무너뜨리는 힘을 발휘했습니다. 이것은 세상 왕국을 무너뜨리는 것은 다름 아닌, 연약한 모습으로 이 땅에 나타나신 그리스도이시라는 사실을 암시합니다. 오히려 그리스도의 죽음이 이 어두움의 세상 세력에 크나큰 타격을 가합니다.

그렇게 뜨인 돌에 맞은 신상은 완전히 무너지고 철저하게 부서집니다. 하나님은 이 세상 주관자가 하나님이심을 깨닫게 하시려고 뜨인 돌로 무너뜨리셨습니다. 인간이 세운 세상이 무너져야 하나님의 통치가 세상에 가득해집니다. 세상 왕국의 허망함은 영원히 견고하게 설 하나님 나라와 크게 대조됩니다.

시대가 흐르면 흐를수록 인간의 사악함과 영적 어두움은 점점 더 심해질 것이고, 인류 종말의 때에는 그 정도가 극에 달할 것입니다. 부서진 신상이 가루가 되어 흩어져 버리는 것과 달리, 그것을 친 돌은 태산을 이루어 온 세계를 가득 메울 것입니다. 이는 장차 하나님 나라가 이 세상에 충만해질 것을 암시합니다. 하나님 나라는 지금까지 제시된 여러 나라들과 달리 영원히 망하지 않습니다. 그 이유는 그 나라의 통치자가 영원한 생명과 주권을 지닌 하나님이시기 때문입니다.

다니엘의 세 친구는 신상을 세우고 절하기를 강요하는 나라에서 살아가면서도 동시에 영원한 하나님 나라 안에서 살아가는 법을 알아야 했습니다. 지금 이 시대를 살아가는 젊은이들이 직장이나 학교를 다니면서 보이지 않는 나라를 의식하며 살 수 있을까요? 이것이 현실적으로 가능할까요? 하나님의 통치를 거부하는 세상에서 보이지 않는 하나님 나라를 의식하는 것이 믿음입니다.

우리도 오늘날 무너질 신상 속의 세상에 살고 있습니다. 현대의 신상은 다원주의라고 생각합니다. 다원주의는 한 분이신 하나님 외에 모든 것을 허용합니다. 오직 기독교만 엄격히 유일신을 인정하는데 이에 대해 사회적 반발이 날로 거세지고 있습니다. 문화와 종교를 구별하기 어렵도록 교묘하게 혼합해 놓는 이 시대에 신앙을 지키기 위해서는 앞으로 더 비싼 대가를 치러야 합니다. 세상은 무너질 것에 절하라고 합니다. 그렇지 않으면 다 잃게 될 것이라고 말합니다.

그런데 절하기를 거부한 다니엘의 세 친구를 불구덩이에 던진 후에 느부갓네살은 불 속에서 세 친구와 함께 걸어 다니는 네 번째 사람을 보았습니다.

> 단 3:25 우리말성경 왕이 말했습니다. "보라! 불 속에서 네 사람이 걸어 다니는데 묶여 있지도 않고 불에 타지도 않는구나. 그리고 네 번째 사람은 신들의 아들 같다."

불 속에 떨어질 때 세 친구는 단단히 결박을 당한 상태였는데 불 속을 이리저리 활보했습니다. 그들의 모습은 하나님의 전능한 역사가 아니고서는 설명할 길이 없습니다. 다신론 세계관을 가진 느부갓네살이 본 "신들의 아들"은 성육신 이전의 그리스도이십니다. 어디에서든 우리와 함께하는 임마누엘이십니다. 그리스도는 세 친구와 함께 친히 그 불 속의 고난을 견뎌 내시면서 그들을 안전하게 지키셨던 것입니다. 느부갓네살이 자기 꿈에 나타난 뜨인 돌과 대면한 장면이었습니다.

예수에 걸려 넘어진 곳에서 살아난다

하나님의 통치를 거부하는 세상에서 정체성을 지키는 방법은 보이지 않는 하나님 나라가 있음을 인식하는 것입니다. 예수님은 다니엘서에 나오는 돌이 곧 자신이라고 복음서에서 말씀하셨습니다. 돌 이야기에서 아들 예수님으로 옮겨지는 이야기는 히브리인들에게는 자연스럽습니다. 왜냐하면 히브리어로 '에벤'은 '돌'이라는 뜻이고, '벤'은 '아들'이라는 의미이기 때문입니다. 히브리인들은 언어유희를 좋아하기 때문에, 아람어로 번역된 구약성경에서는 "건축자들의 버린 돌"을 "건축자들의 버린 아들"로 읽기도 합니다. '아들'과 '돌'이라는 단어가 얼마나 밀접하게 연결되어 있는지를 보여 줍니다.

눅 20:17-18 우리말성경 예수께서는 그들을 똑바로 쳐다보고 말씀하셨습니다. "그렇다면 '건축자들이 버린 돌이 모퉁이의 머릿돌이 됐다'라고 기록된 말씀이 무슨 뜻이겠느냐? 누구든지 이 돌 위에 떨어지는 사람마다 부서질 것이며 이 돌이 어느 사람 위에 떨어지든지 맞는 사람은 가루가 되고 말 것이다."

다니엘서에 나온 돌이 세상 왕국을 상징하는 큰 신상을 파괴시킨 것처럼 예수님 역시 자신을 배척하는 사람들을 멸하실 것입니다. 유대의 종교 지도자들은 예수님을 버렸습니다. '버리다'라는 말의 원어는 '시험하다'와 '탈락시키다'의 합성어입니다. '완전히 시험한 후에

탈락시켜 버리다'라는 뜻입니다.

"건축자들"은 스스로 하나님 나라를 건설하는 자들이라고 자부하는 유대 종교 지도자들을 가리킵니다. 건축자들이 집을 세울 때 건축 자재로 사용하기에 합당하지 않은 돌들을 버리듯이, 예수님은 유대 종교 지도자들에게 철저하게 거부당하셨습니다. 그들은 나름대로 고민하고 숙고하고 철저히 검증하고 시험한 후에 쓸모없다고 여겼을 것입니다. 그들은 자기들의 기득권을 유지하고 그들의 배를 채우는 것을 쓸모 있다고 여겼을 것입니다. 그런 그들 위에 예수님은 떨어지는 돌이 되셔서 그들을 부서뜨리고 가루가 되게 하는 심판을 행하십니다.

나에게 예수님은 어떤 분이신가요? 나도 예수님을 쓸모없어 버려진 돌같이 여기나요? 내 삶의 근거를 어디에 세우고 있나요? 내가 좌절하는 이유가 실은 불완전한 세상에 나의 존재 근거를 두었기 때문이 아닌가요? 불완전한 이 세상은 영원하지 못하고, 언젠가는 무너져 내리고, 흔적도 없이 사라져 버릴 것입니다. 그 자체의 불완전성 때문에 가만히 놔둬도 스스로 파멸에 이를 수밖에 없습니다. 내 삶의 근거를 약하고 불안정한 세상, 진흙같이 부스러지기 쉬운 세상에 둔다면 우리도 세상과 더불어 허망하게 무너지고 말 것입니다.

왜 내가 무너진 것 같고 좌절하고 패배한 것 같은가요? 나를 중심으로 한 세상을 세우기 원했는데 뜻대로 되지 않았나요? 그 세상에서 하나님은 어디에 계시나요? 내가 원하는 것이 다 이루어진 세상은 과연 살 만할까요?

건축자들이 버린 돌을 하나님이 모퉁이의 머릿돌 삼아 다시 세우신다는 것은 부활의 주제를 말씀하신 것입니다. 베드로는 이에 대해 다음과 같이 말했습니다.

> **벧전 2:4-5** 사람에게는 버린 바가 되었으나 하나님께는 택하심을 입은 보배로운 산 돌이신 예수께 나아가 너희도 산 돌같이 신령한 집으로 세워지고 예수 그리스도로 말미암아 하나님이 기쁘게 받으실 신령한 제사를 드릴 거룩한 제사장이 될지니라

사람은 버렸으나 하나님은 택하신 예수 그리스도이십니다. 그분은 구원자로 오셨으나 인정받지 못하셨습니다. 그러나 베드로는 그것으로 끝나지 않았다고 말했습니다. 사람들에게는 인정받지 못했으나 하나님이 택하시고 부활시키셔서 산 돌이 되게 하셨기 때문입니다. "산 돌"은 무생물인 '돌'과 생물에게만 적용될 수 있는 '살아 있는'이란 단어의 결합입니다. 상식적으로 볼 때 모순됩니다. 이것은 돌을 의인화한 것입니다. "산 돌"이라는 용어에는 그리스도 부활의 이미지가 담겨 있습니다. '부활'이라 함은 죽는 일이 있다는 말입니다.

하나님의 통치를 거부하는 세상에서 우리가 좌절할 일이 얼마나 많나요? 세상은 그런 일이 일어난 이유를 해석하지 못합니다. 그런데 성경은 어떻게 해석합니까?

> **벧전 2:8** 또한 부딪치는 돌과 걸려 넘어지게 하는 바위가 되었다 하였느

니라 그들이 말씀을 순종하지 아니하므로 넘어지나니 이는 그들을 이렇게 정하신 것이라

모퉁이의 머릿돌은 다듬어 쓰기에 적합하지 않다는 이유로 버려진 날카로운 돌입니다. 모퉁이에 날카로운 돌이 있으니 사람들이 그 돌에 걸려 넘어집니다. 예수를 그리스도로 믿지 않는 사람들은 건축자들이 버린 돌이 모퉁이의 머릿돌이 될 수 있음을 받아들이지 못합니다. 모퉁잇돌 없이 세워진 집은 무너지게 되어 있습니다.

내 인생은 그리스도가 거하시는 집입니다. 예수 그리스도가 내 인생의 토대가 되신다는 사실을 알지 못할 때 우리는 예수님께 걸려 넘어집니다. '예수', '십자가', '복음', '교회', '성경'이라는 말만 꺼내도 걸려 넘어집니다. 하나님을 믿는다고, 하나님의 뜻에 따라 살고 싶다고 말은 하지만 하나님이 내 인생에 참여하시는 것은 거부합니다. 내 인생은 내가 알아서 사는 것이라 생각합니다. '하나님이 나를 어떻게 도우실 수 있단 말인가?' 하고 생각할 때 예수님은 내게도 버림받은 돌이 되십니다.

하나님을 외면하고 내 신상을 높이, 크게 세울 때 그분은 우리가 하나님의 통치를 받게 하려고 무너뜨리십니다. 내가 세상에 기반을 둔 것은 무너집니다. 내가 하나님 앞에서 어떤 정체성을 가진 자인지 알려 주시려고 하나님이 넘어지게 하십니다. 걸려 넘어지는 이유는 말씀에 순종하지 않으므로, 즉 말씀을 거역했기 때문입니다. 순종하지 않는다는 것은 합리적인 말에 당연히 설득을 당해야 함에도 불구

하고 고집을 부려 설득되지 않음을 뜻합니다. 복음을 전해 주어도 받아들이지 않고 자신의 정체성을 부인하니 결국 넘어지는 상황에까지 이르는 것입니다. '하나님이 정하신 일'이라는 말은 넘어지게 하시는 주체가 하나님이시라는 뜻입니다. 반석이신 예수님을 만나 깨어지는 것은 그렇게 의도하신 하나님의 은혜입니다.

왜 예수께서 부딪치는 돌과 걸려 넘어지게 하는 바위가 되십니까? 내가 무엇을 추구하던 길이었는지는 넘어질 때에야 비로소 알 수 있습니다. 하나님은 나를 숭배하고, 세상을 숭배하고, 하나님의 말씀에 귀 기울이지 않았던 것을 무너뜨리십니다. 이 세상과 나를 섬기던 것은 무너지고 좌절되어야 합니다. 이 세상은 바람에 날려 흔적도 없이 사라지고, 돌은 큰 산이 되어 온 땅에 가득 찰 것입니다. 내게 이 세상은 가루로 날아가고 산 돌이신 예수 그리스도로 나를 가득 채우시기 위해 하나님은 나를 넘어뜨리십니다.

저도 사람 때문에 걸려 넘어졌을 때 그 자리에서 오히려 정체성이 세워지는 경험을 한 적이 있습니다. 나를 믿어 주지 않는 사람과 함께 일한 적이 있습니다. 나를 알아주지 않는 것이 너무 억울했고, 그래서 평안이 없었습니다. 내 능력을 증명하고 싶은 마음만 가득했습니다. '이렇게 하면 알아줄까? 저렇게 하면 증명될까?' 하는 소리가 마음속에서 끊임없이 올라와 번잡했습니다. 나에게서는 아무 해결책이 나오지 않는다는 것을 깨달았을 때에야 하나님 앞으로 가서 엎드렸습니다. 하나님 앞에서 그를 고발했습니다. 그가 자기 잘못을 깨닫게 해 달라고 기도했습니다. 그때 침묵 가운데 계시던 하나님이 한 말씀을 떠오르게 하셨습니다.

> **사 66:11** 너희가 젖을 빠는 것같이 그 위로하는 품에서 만족하겠고 젖을
> 넉넉히 빤 것같이 그 영광의 풍성함으로 말미암아 즐거워하리라

황폐해진 예루살렘을 보며 기뻐하지 못하는 이스라엘 백성에게 하나님은 "내가 주는 구원으로 기뻐하라"고 하시면서 필요한 모든 것을 부족함 없이 풍성하게 공급해 주겠다고 말씀하셨습니다. 그 말씀이 떠오르는 순간, 제 상태가 얼마나 황폐한지 알게 되었습니다. 하나님의 품에서 넉넉하게 먹지 않았기에 저를 채워 주지도 못할 사람의 인정을 구하고 있었음을 깨달았습니다. 하나님은 마치 젖먹이가 엄마의 젖을 충분히 먹으면 입을 떼듯이, 제가 하나님에게 받는 사랑이 충분하면 그 넉넉함에 만족해서 사람의 인정을 더 이상 갈구하지 않게 될 것이라고 말씀하셨습니다. 사람의 인정을 받으려는 마음은 드러나야 했습니다. 걸려 넘어진 자리에서 오히려 나의 정체성이 세워졌습니다.

내가 원하던 것이 무너질 때 인생 전체가 의미 없게 느껴집니다. 그러나 왜 하나님이 주체가 되셔서 우리가 걸려 넘어지게 두시는 것일까요? 왜 좌절을 겪게 하실까요? 그 이유는 우리가 하나님의 다스리심을 받아야 하기 때문입니다. 하나님은 "나는 네가 계속 이렇게 사는 것을 원치 않는다. 방향을 바꿔라. 그 길이 아니다" 하시며 세상이 사는 대로 사는 나를 넘어뜨리십니다.

하나님의 통치를 거부하는 인생은 결국 무너집니다. 하나님은 무너질 것을 무너지게 하십니다. 예수에 걸려 넘어지는 것이 사는 길입니다. 나 중심의 세상은 무너질 신상을 세우는 것과 같습니다. 예수에 걸려 넘어진 곳에서 하나님은 새 이름으로 불러 주십니다. 죽을 것 같은 곳에서 불러내십니다. 하나님이 불러 주신 이름이 우리의 정체성입니다.

영의 눈을 떠 하나님 나라를 바라보라

베드로전서의 첫 독자들은 당시에 갓 개종한 그리스도인들로서 소아시아의 로마 속국에 흩어져 살고 있는 이방인들이었습니다. 하나님의 통치를 거부하는 세상에서 핍박을 받으며 신앙생활 하는 성도들에게 그들의 정체성을 말해 주기 위해 쓴 책이 베드로전서입니다.

벧전 2:9 그러나 너희는 택하신 족속이요 왕 같은 제사장들이요 거룩한 나라요 그의 소유가 된 백성이니 이는 너희를 어두운 데서 불러내어 그의 기이한 빛에 들어가게 하신 이의 아름다운 덕을 선포하게 하려 하심이라

"택하신 족속이요 왕 같은 제사장들이요 거룩한 나라요 그의 소유가 된 백성"은 출애굽기에서 하나님이 이스라엘 백성에게 하신 말씀입니다. 하나님이 이스라엘 백성에게 하신 말씀과 똑같은 말을 이

방인에게 한 것입니다. 이것은 그들에게 완전히 새로운 정체성입니다. 이것이 우리의 영적인 지위입니다. 육체를 세우기에 집중하느라 영혼에 관심도 없었는데, 영의 눈을 뜨면 내게 이런 지위가 있음을 알게 됩니다.

하나님이 이처럼 성도를 죄와 사망의 어두움에서 불러내어 특권을 부여하신 목적이 있습니다. 그들을 세상에 하나님의 구원을 전하는 자들로 삼으시기 위함입니다. "아름다운 덕"이란 한마디로 '복음'입니다. 복음은 하나님이 죄인을 그 비참한 본래 자리에서 불러내신 후에 하나님의 기이한 빛에 들어가게 하시는 일입니다. 이 복음을 전하는 것은 나를 구원하신 하나님의 목적이며 나의 존재 이유입니다.

라틴어 '코람데오'(Coram Deo)는 '하나님 앞에서, 하나님의 현존 앞에서'라는 뜻입니다. 내가 누구인지 알려면 하나님 앞에서 하나님의 말씀을 들어야 합니다. 인간은 코람데오, 즉 하나님 앞에 있으면서, 또한 '코람문도'(Coram Mundo), 즉 세상 앞에 서는 존재입니다. 하나님 앞에 서기 전에 세상의 유혹 앞에 서게 되는 존재입니다. 힘과 돈의 논리, 집단주의, 자기 성공, 자기 성취에 묶여서 노예같이 살아가던 나를 하나님이 어둠에서 불러내어 빛 가운데 들어가게 하셨습니다. 하나님이 어두운 데서 불러내실 때 우리는 비로소 자신이 어둠에 있던 자인지 알게 됩니다. 먼저 하나님 앞에 있어 말씀을 들을 때 세상 앞에서 말씀의 증언자로 살아갈 수 있습니다.

야곱의 아들 요셉은 왜 자기 삶이 계속 무너지는지 의문이었을 것입니다. 그가 형들에게 한 고백, '악을 선으로 바꾸사'라는 말에는 악이 자기 삶에 역사했다는 뜻이 담겨 있습니다. 그러나 악이 역사한 것 같은 인생을 산 요셉은 자기 삶의 결론을 이렇게 말합니다. "하나님이 악을 선으로 바꾸사 많은 사람의 생명을 구원하게 하시려 하셨다"(창 50:20 참고). 요셉은 하나님의 크신 계획을 깨달았습니다. 하나님은 그가 가정 안에서 아버지의 사랑을 받으며 편애를 누리고 사는 것에 그치지 않고, 하나님의 백성을 키워 낼 애굽 땅으로 이스라엘을 들여보내는 일을 감당할 수 있게 하셨습니다.

하나님이 왜 내가 세운 삶을 무너뜨리십니까? 하나님이 꿈꾸시는 내가 있기 때문입니다. 그것이 하나님 앞에서 듣는 나의 정체성입니다. 그 정체성이 회복되면 하나님의 관점으로 나를 보게 되고 내 인생이 해석됩니다. 요셉은 무너진 자기 삶을 통해 하나님의 크신 계획을 알게 되었습니다.

우리는 신앙을 가지고 있으면서도 수많이 좌절하는 시대를 살아가고 있습니다. 창이 다 닫힌 것처럼 보여도 하늘로 난 창은 열려 있습니다. 불같은 환난 가운데서 오직 주님만이 내 곁에 계실 수 있습니다. 걸려 넘어진 자리에서 그대로 엎드려 "내 인생인 줄 알았는데 주인께 돌려 드립니다. 다스려 주십시오"라고 고백할 때 하나님이 다시 세워 주실 것입니다. 그것은 결코 무너지지 않을 영원한 나라요, 주께서 모퉁잇돌 되어 주신 견고한 집입니다. 비로소 내가 진정 원했던 것이 그분과 함께 있는 것이었음을 알게 됩니다. "모든 것을 잃어도 주님 한 분만으로 만족합니다"라는 신비한 고백을 드리는 것이 나의 정체성입니다.

우리가 세상의 이야기 안에서만 살아간다면 결국 가루처럼 흩어져 날아가 버릴 것입니다. 하지만 우리는 하나님 나라의 이야기, 성경 전체의 이야기 안에서 살아가는 존재입니다. 나의 이 현실을 넘어 하나님 나라를 바라볼 수 있는 눈이 열리기를 원합니다. 갈수록 세상은 악해질 것입니다. 그러나 산 돌이신 예수님 앞에 무너질 세상입니다. 예수로 인해 걸려 넘어진 것이 오히려 내가 누구인지 알게 되는 계기가 됩니다. 하나님 앞에서 들은 정체성으로 살아가는 삶이 되기 원합니다.

2
PART

내 인생에 예수 오실 길이
닦이고 있다

6장

말씀이 막힌 문제를 뚫고 앞서가는 것을 보라

하박국은 하나님이 말씀해 주시는 분임을 알고 있었습니다. 하나님이 정하신 때에 바벨론은 망할 것입니다. 이것이 하박국이 드린 기도의 응답이었습니다.

약속하신 시점부터 성취까지, 그 사이의 긴 시간을 어떻게 견디나요? 현실과 상황이 눈에 어떻게 보이든지 하나님이 말씀하신 것이 완벽한 때에 이루어진다는 믿음으로 살아야 합니다. 영화의 결말을 아는 사람은 아무리 시간이 오래 걸려도, 아무리 주인공이 위태로워 보여도 안심하며 볼 수 있습니다. 마찬가지로 하나님이 계획하신 큰 그림을 말씀해 주셨기 때문에 믿으면 기다릴 수 있습니다.

내 왕 노릇이 멈춰지고 주님의 계획대로 이끄시는 삶

그렇게 기도했는데도 배우자가 여전히 하나님 대신 자기 자신만 믿고 삽니까? 자녀가 하나님 안에서 자라나기를 그렇게 기도해 왔는데도 교회를 떠나고, 예배드리기를 그만두고, 아직도 하나님께 관심도 없어요? 기도와 응답 사이에 가족이 믿음을 갖지 않아 고통스럽고 절망스럽지만 사람이 아니라 오직 하나님을 신뢰하는 자는 '하나님께는 그들을 위한 계획이 있고 때가 차매 구원하실 것'이라는 믿음으로 삽니다.

하박국은 절망했습니다. 아무리 기도해도 나라는 부패하고 온통 타락한 소식들뿐이었습니다. 망하는 것이 당연했습니다. 우리도 기도하면서 그런 절망을 느낍니다. '과연 돌아올까? 언제 돌아올까? 망해야 돌아올까?' 기도와 응답 사이에 우리는 상황이 변하기만을 기다립니다. 하지만 하나님은 하나님의 계획을 알려 주십니다. "언제까지…"하며 마음이 무너져 있고 미래가 두려운가요? 기도와 응답 사이에 하나님이 하시는 말씀이 있습니다.

성경을 보면 적들이 끊임없이 이스라엘을 공격해 오는 것을 봅니다. 하나님은 블레셋이나 암몬을 통해 이스라엘이 돌아오도록 하시려는 계획이 있으십니다. 하나님의 계획을 알지 못하면 절망할 수밖에 없습니다. 우리 인생에 내 힘으로 해결할 수 없는 일들이 생기면 우리는 하나님께 간구합니다. 그러나 간구만 하는 기도로는 하나님과의 관계에 발전이 없습니다. 하나님이 내 삶에 행하시는 일들을 분별할 수 없기 때문입니다. 말씀을 묵상할 때 내게 일어나는 일들이 구원을 위한 일들임을 알게 됩니다. 이스라엘이 블레셋에게 망하게 하시려는 것이 아닙니다. 하나님은 그분의 계획대로 나를 이끌어 가기 위해 내 인생을 진정 누가 다스려야 하는지, 내 인생을 누구에게 맡겨야 하는지를 물으십니다. 그때 우리는 하나님을 내가 원하는 대로 조종하려는 마음이 있는 것을 발견하게 됩니다.

선교를 꿈꿔 오던 딸 가족이 선교지로 나갔습니다. 나가기 전에 살 집을 계속 구했는데 떠날 때까지도 구하지 못했습니다. 결국 어린 아이 둘을 데리고 넷이 거할 곳 없는 채 떠났습니다. 그 상황이 이해되지 않았습니다. '어떻게 하나님의 부르심을 따라 선교지로 나가는데 집도 안 주실 수 있나?' 하는 마음이 들었습니다. 어떤 분은 집도 없이 떠나는 것을 보고 "하나님이 그곳으로 부르신 것 맞아요?"라고 묻기도 했습니다.

'선교사로 나갔더니 이렇게 형통했다'는 것을 보여 주고 싶은 마음이 제게 있었습니다. 그래서 말로는 하나님이 주실 것을 믿는다고 했지만 집 문제가 계속 막히는 것을 보고는 마음에 원망과 불평이 있었습니다. '하나님이 다스려 주시는데 왜 이런 일이 일어납니까?'라고 묻고 있었습니다. 딸 가족은 임시 숙소를 전전하며 한 달을 지내다 겨우 집을 얻어 들어갔습니다. 딸은 "엄마, 우리 마음이 많이 낮아졌어"라고 고백했습니다. 그것이 하나님이 원하신 마음이었다는 것을 알게 되었습니다.

하나님은 마음 깊이 감추어진 동기를 드러내십니다. 우리는 내 삶의 결정권을 내가 갖기 원합니다. 하나님이 역사하실 공간을 남겨 두기보다는 내가 왕이 되어 사람과 상황을 조종하고 통제하려는 경향이 큽니다. 저 역시 그러한 모습을 발견하고는 '어떻게 살아야 왕 노릇을 그만두는가'를 놓고 기도하게 되었습니다.

저는 딸이 선교지로 떠나기 전까지 시간 날 때마다 가서 어린 손주들을 돌봐 주었습니다. 그만큼 딸의 가정에서 일어나는 일들을 시시콜콜 알았고 사이가 긴밀했는데, 딸 가정이 선교지로 떠나고 나니 어떻게 지내는지를 한국에 있을 때처럼 알 수가 없었습니다. 저는 여전히 엄마 노릇을 하고 싶었고, 마음에 평안이 없어졌습니다. 그 모습을 보면서 '내가 여전히 왕 노릇 하려는구나' 하고 깨닫게 되었습니다.

나에게서 출발할 때 나는 여전히 왕 노릇 하기 원하는 기도, 왕 노릇이 잘되기를 원하는 기도를 했을 것입니다. 그러나 하나님께 계획이 있다는 것을 알고 말씀에서 출발할 때 나의 왕 노릇을 보게 되었고, 왕 노릇을 내려놓기 위해 씨름하는 시간을 가졌습니다. "오늘은 어떻게 지냈니? 집은 어떻게 됐니? 이것은 어떻고 저것은 어떻니?" 하며 일일이 묻는 엄마로 살지 않고 기도하는 엄마로 살기 원한다고 기도했습니다. 그러면서 하나님의 계획대로 나를 인도할 말씀을 달라고 기도했습니다. 그때 하나님이 떠오르게 하신 말씀이 있습니다.

요일2:27 너희는 주께 받은 바 기름 부음이 너희 안에 거하나니 아무도 너희를 가르칠 필요가 없고 오직 그의 기름 부음이 모든 것을 너희에게 가르치며 또 참되고 거짓이 없으니 너희를 가르치신 그대로 주 안에 거하라

제가 할 일은 왕 노릇 하려는 것을 멈추고, 내 안의 기름 부으심, 성령이 가르쳐 주시는 대로 기도하는 것이었습니다. 그럴 때 내 왕 노릇이 멈춰지고 주님이 그분의 계획대로 이끄시는 삶이 이루어집니다. "주님이 흥하고 나는 쇠해야 합니다. 말씀이 흥하고 내가 쇠할 때 내게도, 딸 가정에도, 선교지에도 구원이 일어날 것입니다"라고 기도했습니다.

하나님이 앞장서실 때 문이 열린다

왕 노릇 하려는 나의 내면과 싸우는 전쟁 같은 날들에 말씀이 하는 분명한 일이 있습니다.

히 4:12 하나님의 말씀은 살아 있고 활력이 있어 좌우에 날 선 어떤 검보다도 예리하여 혼과 영과 및 관절과 골수를 찔러 쪼개기까지 하며 또 마음의 생각과 뜻을 판단하나니

"좌우에 날 선 검"은 원어로 '두 입 가진 검'이라는 뜻입니다. 한 입은 하나님의 말씀, 다른 입은 우리 입에서 나오는 말을 뜻합니다. 하나님이 하시는 말씀을 듣고, 우리 입으로 선포하는 것입니다. 하나님의 말씀이 우리 입에서 나올 때, 말씀이 양 날 가진 검이 됩니다. 하나님의 말씀은 전쟁에서 무기가 됩니다. 전투를 치를 지혜와 적을 상대할 힘과 승리하는 믿음을 줍니다. 하나님의 말씀과 우리 말이 합해질 때 하나님이 그 말씀의 목적을 이 땅 가운데 이루십니다.

사 55:11 내 입에서 나가는 말도 이와 같이 헛되이 내게로 되돌아오지 아니하고 나의 기뻐하는 뜻을 이루며 내가 보낸 일에 형통함이니라

하나님의 말씀을 듣고 그 말씀을 선포하는 기도가 예언적인 기도입니다. 내 말이 하나님의 말씀과 같은가 점검해야 합니다. 일상에서 하는 말에 깨어 있어야 합니다. 내 입의 말과 마음의 묵상이 주께서 받으실 만한 것이 되어야 합니다. 먼저 내 말을 멈추고 하나님의 말씀을 들으며, 그 말씀을 선포할 때 하나님이 기뻐하시는 뜻을 이루며 형통하게 됩니다. "이 문제는 도저히 안 돼"라는 식의 말을 하지 말고 내 앞의 문제를 하나님의 시선으로 바라보고 선포하는 것입니다.

검 같은 말씀의 선포가 있어야 전쟁에서 이깁니다. 말씀이 앞선다는 것은 하나님이 앞서신다는 뜻입니다. 하나님이 앞서가시면 어떤 일이 일어나는지, 미가서 말씀을 보겠습니다.

미 2:13 길을 여는 자가 그들 앞에 올라가고 그들은 길을 열어 성문에 이르러서는 그리로 나갈 것이며 그들의 왕이 앞서가며 여호와께서는 선두로 가시리라

이 말씀을 그림처럼 그려 보겠습니다. 하나님은 막힌 문 앞에서

가장 앞서 돌격하시는 분입니다. 전쟁 같은 삶에서 우리가 막힌 문 앞에 서 있을 때 하나님이 먼저 앞서서 뚫고 나가신다는 약속입니다. 하나님의 뜻이 우리를 앞서가며 길을 열 것입니다. 하나님의 약속을 믿는 자들은 그 뒤를 따릅니다. 그럴 때 막힌 문이 열립니다. 하나님이 왕이시기 때문에 문들이 열리는 것입니다. 그러면 우리는 열린 문으로 뒤따라가면 됩니다. 어떤 문이 막혀 있나요? 하나님이 우리에게 막힌 담을 헐고 길을 열어 주시면 우리는 그 길을 헤치는 수고를 감당해야 합니다. 그리고 열린 문을 속히 지나서 나아가야 합니다.

부서뜨린다는 것은 무엇인가 닫혀 있고 잠겨 있고 줄어들고 제한되고 방해받는 것이 있음을 전제로 합니다. 기도와 응답 중간 시간을 지나며 막힌 길 앞에 서 있는 사람은 말씀을 달라고, 말씀이 들리게 해 달라고, 그래서 굳은 마음이 풀리게 해 달라고 기도해야 합니다. 영적인 세계에서 부서지면 육적인 세계에 그 증거가 나타납니다. 죄가 막고 있었던 것을 무너뜨리면 회복이 일어납니다. 영적인 것을 감지하지 못하는 이유는 하나님이 주시는 지혜의 통로가 막혔기 때문입니다.

막힌 문제 앞에서 어떤 말씀을 붙잡고 기도하고 있습니까? 삶에서 무엇인가 막혀 있습니까? 하나님이 나를 위해 준비하신 데까지 나아갈 수 없도록 막혀 있습니까? 병이 들었거나 빚을 졌거나 무언가 잃었거나 실직했거나 관계에 문제가 있거나 믿음을 잃었거나 낙담했을 수 있습니다. 우리는 이런 일에 막혀 힘들어하고 지치고 도중에 멈추기로 결정합니다. 애써 살던 길을 멈추고 주저앉기를 원할 때도 있습니다. 우리는 믿음을 가지고 하루하루 살지만 이렇게 우리를 막아서는 장벽을 계속 만납니다.

우리는 무슨 일이 있을 때만 기도하는 사람이 아니라 무슨 일이 있건 없건 항상 기도해야 합니다. 그 이유가 있습니다. 막힌 길도 뚫고 나가시는 하나님과 동행하기 위해서입니다. 우리와 함께하시는 하나님은 평범한 존재가 아니십니다. 하나님께는 뚫지 못할 길이 없습니다. 그분은 왕이십니다. 우리를 앞서가며 길을 열고 부수고 나가십니다. 주님은 친히 몸으로 막힌 담을 무너뜨리셨습니다. 그때 활짝 열린 문을 통해 하나님의 백성이 순식간에 몰려 들어갈 수 있습니다. 나라를 위해 기도할 때도, 자녀를 위해 기도할 때도 막힌 문 앞에서 열어 달라고 간청하기보다, 막힌 문을 향해 "왕 되신 하나님이 나가시니 열려라!" 하고 선포하며 기도해야 합니다. 믿음으로 말씀이 우리를 앞서가는 것을 보며 기도해야 합니다.

말씀이 앞서가는 기도

하나님이 여시면 닫을 자가 없습니다. 말씀이 앞서가며 문을 부숩니다. 우리는 문을 통과한 말씀을 따라 들어가야 합니다. 문 뒤에 묶이고 갇혀 있던 것들이 풀려나올 것입니다. 그럴 때 우리는 하나님을 예배하게 됩니다. 말씀이 앞서가는 기도의 끝에 우리는 예배하게 됩니다. 기도와 응답 중간 시간에 우리는 예배자로서 살게 됩니다.

말씀이 앞서가는 기도를 할 때 우리는 하나님이 어떤 분이신지를 알게 됩니다. 하나님의 성품과 사랑과 은혜를 깨닫습니다. 말씀이 앞서가는 기도의 끝에 우리는 "하나님이 옳으십니다. 하나님을 경배합니다. 하나님, 높임을 받으소서" 하며 하나님을 예배합니다.

다윗이 수많은 일을 겪으며 남긴 시편이 예배 때 사용하는 예배 음악이 되었습니다. 그중에서 시편 23편을 보십시오. 말씀이 앞서가며 하나님이 우리를 인도하시는 자리는 바로 원수의 목전에서 하나님이 상을 차려 주시는 자리입니다. 우리는 날마다 전쟁과 같은 삶을 삽니다. 압박이 가득한 상황에서 원수는 계속 조롱합니다. "기도한다고 뭐가 변하냐? 믿음, 아무 소용없다. 포기해라. 한숨을 쉬어라" 합니다.

문제만을 바라보고 내 능력을 의지하는 것은 해결책이 아닙니다. 문제를 보고 듣는 것이 아니라 믿음의 말씀을 들어야 합니다. 이것이 바로 다윗이 노래한 '원수의 목전에서 하나님이 상을 베푸시는 것'을 의미합니다. 우리의 상에 같이 앉아 계신 분이 우리를 에워싼 그 어떤 적과도 비교할 수 없이 크고 강한 분이십니다. 하나님은 우리가 이를 알기 원하십니다. 사방으로 포위된 상황일지라도 하나님이 베푸신 상 앞에 앉기를 결단합시다. 하나님의 상에는 우리가 취할 진리가 가득합니다. 사방이 온통 칠흑같이 어두워도 하나님과 둘이 앉은 상에서 진리로 가득 차면 세상의 조롱하는 소리가 들리지 않게 됩니다.

내 삶에 나를 넘어뜨리려는 대적이 없는 때는 없습니다. 전투의 한복판, 도저히 이길 수 없을 것 같은 상황, 원수가 조롱을 퍼붓는 상황에서 하나님은 우리를 초대하시고 우리와 한 식탁에 앉아 계십니다. 그것이 매일 하는 큐티요, 말씀을 읽고 기도하고 찬양하는 개인 예배입니다.

사울왕이 왜 사무엘을 기다리지 못하고 제사를 드렸나요? 블레셋은 가까워 오고, 백성은 흩어지고, 예배드릴 마음의 여유는 없어서였습니다. 말씀을 묵상하고 기도하기까지 우리의 상황은 그렇습니다. 그런 매일의 상황에서 어떻게 개인 예배를 지켜 낼 수 있습니까? 그 시간이 내 삶에 반드시 필요하다고 생각하면 가능합니다. 그 시간 없이는 생존할 수 없다고 생각하면 할 수 있습니다. 사울이 사무엘을 기다리지 못한 이유는 그 시간을 중요하게 생각하지 않았기 때문입니다. 사울은 사무엘에게서 들은, 이 전쟁을 향한 하나님의 말씀을 중요하게 여기지 않았습니다.

하루 중 개인 예배 드리는 시간을 갖지 못하면 사실은 하나님의 뜻을 중요하게 생각하지 않는 것입니다. 그럭저럭 살 만한 것입니다. 하나님과 나의 관계를 그만큼 중요하게 생각하지 않는 것입니다. 우리의 목적은 경건이 아니라 하나님입니다. 하나님을 목적으로 말씀을 읽고 기도하는 시간을 하나님은 예배로 받으십니다. 하나님만을 높이기 때문입니다. 하나님의 선하심을 찬양하며 하나님이 하시는 일이 옳다고 인정하기 때문입니다. 무언가를 얻기 위해서가 아니라 앞으로 하나님이 하실 일을 기대하며 예배하게 됩니다. 나에게 초점을 맞추는 것이 아니라 하나님께 초점을 맞추는 것입니다.

어떤 종교도 이런 예배를 드리지 않습니다. 개인적 관계를 갖는데 관심이 없기 때문입니다. 그들이 믿는 대상은 살아 있는 인격이 아니며 단지 무언가를 얻어 내려는 것뿐이기 때문입니다. 그러나 말씀이 앞서가는 기도를 하는 사람은 말씀 안에 나타난 하나님의 뜻에 동의하게 되고 선하신 하나님을 예배할 수밖에 없습니다.

우리는 예배드리는 존재로 지음을 받았기에 예배드릴 때 가장 행복합니다. 다윗이 춤춘 것과 같은 기쁨이 있습니다. 하나님은 우리의 예배를 받으시기에 마땅한 분이십니다. 기도와 응답 중간사에서 그분을 기뻐하는 것이 우리의 힘입니다. '힘'이란 단어에는 '피난처'라는 뜻이 있습니다. 하나님을 기뻐하는 마음이 그 사람의 피난처가 된다는 말입니다. 하나님은 자신을 피난처로 여기고 찾아오는 자를 안전하게 보호하십니다.

몇 년 전 남편과 함께 예배를 드릴 때였습니다. 당시 남편은 괴로운 일을 겪고 있었습니다. 그날 찬양이 "기뻐하라 나의 영혼아"였는데, 박수하며 경쾌하게 부르는 찬양이었습니다. 저는 기분이 우울한 남편 옆에서 손뼉 치며 신나게 찬양하기가 좀 미안했습니다. 그러다 '우리가 힘든 상황일 때 신나는 찬양을 하는 것은 맞지 않는 건가?' 하는 생각이 들었습니다. 나를 중심으로 생각하면 괴로운 때 기뻐하는 찬양을 할 수 없습니다. 그러나 찬양은 받으시는 하나님이 중심이십니다. 하나님을 기뻐하는 자에게 악한 일이 영향을 미치지 못합니다. 하나님을 기뻐하는 것이 우리의 힘, 우리의 피난처입니다.

지금 피난처가 있으면 좋겠다고 생각한다면 하나님을 기뻐하십시오. 하나님이 어떤 분이신지 알면 내 상황에 상관없이 기뻐할 수 있습니다. 우리는 기쁨의 근거를 나에게서 찾는 경향이 있습니다. 그러나 하나님이 주시는 기쁨은 나의 상황과 상관이 없습니다. 기쁨의 근거가 나에게서 나오지 않습니다. 나는 기뻐할 이유가 하나도 없으나 하나님으로 기뻐할 수 있습니다. 그래서 이렇게 선포할 수 있습니다.

미 7:7-10 오직 나는 여호와를 우러러보며 나를 구원하시는 하나님을 바라보나니 나의 하나님이 나에게 귀를 기울이시리로다 나의 대적이여 나로 말미암아 기뻐하지 말지어다 나는 엎드러질지라도 일어날 것이요 어두운 데에 앉을지라도 여호와께서 나의 빛이 되실 것임이로다 내가 여호와께 범죄하였으니 그의 진노를 당하려니와 마침내 주께서 나를 위하여 논쟁하시고 심판하시며 주께서 나를 인도하사 광명에 이르게 하시리니 내가 그의 공의를 보리로다 나의 대적이 이것을 보고 부끄러워하리니 그는 전에 내게 말하기를 네 하나님 여호와가 어디 있느냐 하던 자라 그가 거리의 진흙같이 밟히리니 그것을 내가 보리로다

7장

하나님을 의지하는 자를 위해 싸우신다

기도와 응답 중간사를 지나며 해가 바뀌어도 이루어지지 않은 기도 제목을 가지고 있을 때가 있습니다. 그러나 새해가 되면 우리는 새로운 일을 꿈꿉니다. 변함없는 사실은, 하나님의 말씀이 모든 개혁의 출발이라는 것입니다. 하나님의 말씀은 한마디로도 우리를 돌이킵니다.

저는 말씀 묵상 영상을 매일 유튜브에 올리는 일이 즐겁고 보람되기도 하지만 몸이 안 좋거나 사역이 겹칠 때는 그 일이 버겁기도 합니다. 어느 날 편집이 잘 안되어 너무 짜증이 났습니다. 당시는 잠언을 묵상할 때였습니다. "하나님, 제가 이런 마음으로 계속하는 것이 맞을까요? 이러려면 그만두어야 할까요?" 하며 기도하는데 얼마 전 묵상한 잠언 한 구절이 떠올랐습니다.

잠14:4 소가 없으면 구유는 깨끗하려니와 소의 힘으로 얻는 것이 많으니라 구유를 청소하거나 소를 돌보는 수고를 귀찮아한다면 소가 주는 풍성한 수확도 얻을 수 없다는 의미입니다. 날마다 말씀 묵상 영상을 올리지 않는다면 당장은 편하겠지만, 그러면 무엇이 남겠습니까? 지금 누리는 풍성한 수확은 없을 것입니다. 이렇게 할 수 있는 것이 은혜라는 생각이 들어 회개가 되었습니다. 그다음부터 저는 힘들 때마다 "소가 없으면 구유는 깨끗하지만 풍성한 수확은 소의 힘에서 나온다"라고 소리 내어 되뇝니다. 그러면 불평이 쏙 들어갑니다. 이것이 말씀의 힘입니다. 하나님이 원하시는 돌이킴입니다.

하나님은 짧은 한 구절로도 우리 마음을 돌이키게 하십니다. 말씀을 듣는 순간 그리스도 안에서 옛 마음은 사라지고 새 마음을 받습니다. 옛 마음은 낙심, 원망, 불평, 걱정, 두려움이고 새 마음은 "은혜입니다. 주님을 신뢰합니다"라는 믿음의 고백입니다. 우리는 말씀을 대할 때 성령이 어떻게 인도하실지를 기대해야 합니다. 성령이 해석하시고 깨닫게 하실 때 나의 실상을 보고 회개할 수 있습니다. 기도와 응답 중간사를 지나는 동안에 이처럼 말씀이 이끌어 내는 회개가 날마다 있기를 원합니다.

말씀은 내가 어디에 서 있는지를 알려 줍니다. 예수님은 "내가 곧 길이요 진리요 생명이니"(요 14:6)라고 말씀하셨습니다. 길이신 예수님을 만나니 길이 아닌 곳에 서 있는 나를 발견하게 됩니다. 진리이신 예수님을 만나니 진리 아닌 것을 붙들고 살았음을 발견하게 됩니다. 생명이신 예수님을 만나니 생명 아닌 것이 드러납니다. 말씀이 나의 어두운 심령에 빛을 비추어 여전히 옛 사람인 내가 주인 노릇 하며 사는 것을 회개하게 됩니다.

내 안에 묵상한 말씀들이 쌓이면 하나님이 적절한 때 그 말씀을 사용해 말씀하십니다. 내 안에 말씀이 있으면 상황에 맞는 성경 말씀이 툭 튀어나와 나를 굴복시킵니다. 말씀이 나를 비출 때 스스로의 의로움이 깨지며 회개하게 됩니다. 나의 생활방식이 부적절함을 인식하고 회개하게 됩니다. 무관심한 것, 사랑이 부족한 것, 믿음이 부족한 것, 영적으로 빈곤한 것을 인식할 때 회개하게 됩니다. 교만과 원망과 용서하지 못함과 깨어진 관계와 육신의 정욕이 가득 찬 나를 발견할 때 회개하게 됩니다. 말씀으로 인한 회개는 하나님의 뜻을 따라 하는 회개입니다. 하나님이 보시는 대로 보고, 하나님의 능력을 힘입어 견고한 진을 무너뜨리는 것입니다. 그래서 회개할 때 죄의 사슬이 풀려 진리가 우리를 자유케 합니다.

말씀을 들은 결과 회개하는 일은 매일 일어나야 합니다. 말씀 앞에, 예수 앞에 나올 때마다 회개한다면, 하나님과 나 사이에 가로막힌 것 없이 살 수 있습니다. 거룩하신 하나님과 교제함으로써 아주 작은 죄일지라도 크게 확대하여 회개하는 것이 은혜입니다. 말씀을 들을 때 성령이 무엇이 진정한 하나님의 뜻인지 분별하게 해 주십니다. 참된 회개의 결과 나의 죄인 됨을 봅니다. 그러나 죄인임을 계속 슬퍼하는 것이 아니라, 그런 죄인을 용납해 주신 하나님을 찬양하며 기뻐하게 됩니다. 아버지의 집에 돌아온 아들은 계속 슬픔 속에 머물러 있지 않습니다. 회개한 이후에도 계속 슬픈 감정을 가지고 있다면 잘못입니다.

죄를 사해 주신 아버지를 기뻐하는 것이 하나님이 받으시는 회개입니다. 회개의 슬픔을 계속 가지는 이유는 '이런 자를 하나님이 받으시겠나' 하는 나의 생각 때문입니다. 하나님의 기준은 나와 다릅니다. 예수님은 세리와 죄인들을 받으셨고 식사 자리에 함께하셨습니다. 우리가 죄인임에도 하나님은 우리를 용납하십니다. 많은 사람이 자기 죄로 슬퍼하고, 하나님이 자신을 사랑하신다는 사실을 믿지 못하고, 하나님께 버림받았다고 오해합니다. 그리스도는 어떤 조건도 없이 우리를 위해 죽으셨습니다. 우리의 죗값을 치르고 죽으셨습니다. 그래서 하나님이 죄인을 받으시는 것이 복음입니다. 이 복음으로 기쁨이 충만하기를 원합니다.

아버지와 자녀의 친밀함을 대적하는 원수의 훼방이 있습니다. 원수는 아들의 지위를 빼앗고, 대신 아버지와 아들을 주인과 종의 관계로 만듭니다. 누가복음 15장에서 큰아들은 아버지의 재산을 탕진하고 돌아온 작은아들을 환영하는 잔치에서 기뻐하지 못했습니다. 그는 아버지의 기쁨을 이해하지 못했습니다. 그때 아버지는 잔치에 들어오지 않는 큰아들을 찾아 나섰습니다. 큰아들이 아버지의 기쁨에 참여하지 못하는 이유는 자신이 아버지에게 어떤 존재인지를 알지 못한 채 '나는 종처럼 살고 있다'고 생각한 까닭입니다. 아버지의 기쁨은 큰아들이 항상 아버지와 함께 있는 것이고, 작은아들이 아버지에게로 돌아온 것입니다.

내가 기뻐할 수 있는 이유는 초점이 절망적인 나에게서 하나님에게로 옮겨 가기 때문입니다. 무엇이 해결되어서가 아니라 하나님 중심이 되니까 하나님 한 분만으로 기뻐할 수 있는 것입니다. 나를 심판에서 건져 주신 하나님을 기뻐합시다. 아버지와 자녀의 친밀함이 회복된 것을 기뻐합시다. 그렇지 못한 우리 자녀 세대를 정죄하지 말고 나를 영접하신 하나님이 우리 자녀 세대도 영접하시고 회복하실 것을 바라며 기뻐합시다. 기도와 응답 중간사를 지날 때 여호와를 기뻐하는 것이 우리의 힘입니다.

기도할 때 하나님이 싸워 주신다

하나님의 말씀으로 힘을 얻지 못할 때 우리는 사람의 말에 휘둘리며 두려움에 휩싸입니다. 그런데 사람의 말은, 실은 말하는 사람의 두려움에서 나온 것입니다. 선교지에 있는 딸이 선교사의 아내로만 있는 것이 아니라 자신도 '한 사람의 선교사로서 이 땅에서 무슨 일을 하면 좋을까?' 하며 기도할 때 하나님이 아트 테라피(미술 상담)를 공부할 마음을 주셨다고 합니다. 미술뿐 아니라 글쓰기, 극, 춤 등 예술 분야를 망라하며 상담하고 치료하는 공부입니다. 하나님이 '이 땅에서 쓰일 일이 있을 것이다'라는 마음을 주셨다고 합니다.

딸이 과정을 마치고 난민들에게 가서 실습을 하고 싶다고 했습니다. 그 순간 저는 "난민은 안 돼. 빈대 있어!" 하고 외쳤습니다. 당시 난민 거주지에 빈대가 극성이라는 뉴스를 들었기에 두려움에서 그런 말을 한 것이었습니다. 그런데 그날 밤 기도하는데 이런 생각이 들었습니다. '선교사가 빈대가 두려워서 난민들에게 가지 않는다면 누가 난민에게 가겠는가? 나는 딸 가족이 왜 그 땅에 있는지 잊어버렸구나. 내 두려움을 그대로 전했구나. 주님이 그 땅에서 쓰일 일이 있을 것이라 말씀하셨다면 주님이 인도하실 것이다.'

이렇게 사람의 말은 말하는 사람의 두려움에서 나온 것이라 두려움을 전염시킵니다. 내 입에서 어떤 말이 나오는지를 알아야 합니다. 마음에 가득한 것이 입으로 나오는 법입니다. 내 마음에 가득한 것이 두려움이면 두려워하는 말이 나옵니다. 내 입에서 두려워하는 말이 나올 때에는 하나님이 주신 것이 아님을 알아야 합니다. 하나님이 주시지 않은 것은 받지 않고 거절해야 합니다.

딤후 1:7 하나님이 우리에게 주신 것은 두려워하는 마음이 아니요 오직 능력과 사랑과 절제하는 마음이니

느헤미야서를 통해 얻은 기도의 무기가 있습니다. 느헤미야가 이스라엘 백성에게 일어나 성벽을 건축하자고 했을 때 산발랏과 도비야와 게셈이 조롱했습니다. 그때 느헤미야가 이렇게 말했습니다.

느 2:20 내가 그들에게 대답하여 이르되 하늘의 하나님이 우리를 형통하게 하시리니 그의 종들인 우리가 일어나 건축하려니와 오직 너희에게는 예루살렘에서 아무 기업도 없고 권리도 없고 기억되는 바도 없다 하였느니라

느 2:20하 우리말성경 너희는 아무 몫도 없고 권리도 없고 역사적 명분도 없다.

저는 이 말씀을 기억하기 좋게, "기업도 없고 권리도 없고 명분도 없다"라고 하며 무기로 취했습니다. 사탄이 두려움을 줄 때마다 저는 이렇게 선포합니다. "사탄아! 기! 권! 명! 너는 나에게 기업도 없고! 권리도 없고! 명분도 없다!" 말씀으로 기도하니 두려움이 사라지고 담대해짐을 날마다 경험하고 있습니다.

사탄이 주는 두려움은 거절해야 합니다. 패배감은 사탄이 느껴야 합니다. 내가 두려워해야 할 것이 아니라 사탄이 두려워해야 합니다. 우리가 사탄의 말을 듣고 두려워하면 사탄이 압니다. 반면에 사탄의 계략을 알고 그 말을 두려워하지 않는 것도 사탄이 압니다. 우리가 사탄의 계략을 알고 "사탄아! 기! 권! 명!" 하며 거절하기만 해도 사탄은 물러갑니다. 하나님이 사탄의 계획을 꺾으시기 때문입니다.

나의 삶을 돌아보며 나는 누구의 말, 어떤 말을 들을 때 두려워했는지 기억해 봅시다. 사람의 말을 두려워한 결과 내 삶에 무너진 부분이 있습니까? 하나님이 주시지 않은 것은 거절하리라 결단합시다. 하나님이 우리에게 두려워하지 말라고 하신 이유는 친히 싸우실 것이기 때문입니다. 하나님은 자기 백성의 싸움을 자신의 싸움으로 생각하십니다. 왜냐하면 우리는 하나님의 것이기 때문입니다.

날마다 전신 갑주를 입는 기도를 해야 한다

예수님은 우리를 얻기 위해 어떤 일을 행했는지를 이렇게 설명하셨습니다.

> 막 3:27 사람이 먼저 강한 자를 결박하지 않고는 그 강한 자의 집에 들어가 세간을 강탈하지 못하리니 결박한 후에야 그 집을 강탈하리라

예수님은 내 안에 들어오셔서 옛 주인을 결박하고 내쫓으시고 이제 내 안에 주인으로 거하십니다. 예수님이 들어오시니까 내 속에 더러운 것들이 밀려 나간 것입니다. 구원받을 때 새 주인과 옛 주인, 두 왕국이 충돌합니다. 예수님은 나를 차지하신 분입니다. 절대로 나를 다시 빼앗기지 않으십니다. 나도 예수님과 함께 나를 지켜야 합니다. 하나님의 나라는 싸움을 통해 완성됩니다. 나는 어떤 무기를 가져야 할까요?

> 엡 6:11 마귀의 간계를 능히 대적하기 위하여 하나님의 전신 갑주를 입으라

"입으라"는 헬라어로 '입어 두라'는 의미입니다. 전쟁이 날 때 입는 것이 아니라, 항상 입고 있으라는 뜻입니다. 내가 구원의 투구를 쓰고, 의의 흉배를 붙이고, 진리의 허리띠를 매고, 평안의 복음의 신

을 신고, 믿음의 방패를 들고, 말씀의 검으로 무장하고 있으면 사탄의 공격 의지를 꺾어 버리는 것입니다. 하나님이 싸워 주실 것을 믿는 사람은 자신도 하나님 뒤를 따르는 영적 군사로서 무장합니다. 우리가 입어야 할 하나님의 전신 갑주는 그리스도이십니다. 하나님의 전신 갑주를 입는 것은 결국 그리스도로 옷 입는 것을 말합니다. 그리스도는 우리의 능력이십니다.

하나님은 어떤 자를 위해 싸워 주시나요?

습3:12 내가 곤고하고 가난한 백성을 네 가운데에 남겨 두리니 그들이 여호와의 이름을 의탁하여 보호를 받을지라

하나님은 곤고하고 가난한 사람들을 위해 싸워 주십니다. 그들은 자신의 부족함을 뼈저리게 절감하고 오직 여호와의 이름을 의지하는 자들입니다. 인간적인 방법으로는 어떤 도움도 기대할 수 없고 오직 하나님만을 의지해야 살 수 있는 사람들, 어디에도 피할 곳이 없고 오직 하나님만이 안전한 피신처가 되시는 사람들, 그래서 항상 여호와만을 바라볼 수밖에 없는 사람들, 자신의 한계를 깨닫고 하나님이 꼭 필요하다는 사실을 아는 사람들이 바로 하나님이 싸워 주시는 사람들입니다.

반면 여호와의 날에 심판을 받는 죄목은 '여호와를 찾지도 않고 뜻을 묻지도 않는 것'입니다. 하나님을 찾지도 않고 뜻을 묻지도 않는다는 것은 자신의 방법과 뜻대로 행동하는 것을 말합니다. 하나님에

게서 독립하여 자신이 원하는 대로 살아가는 것입니다. 그런 사람들은 하나님이 자신들의 삶에 아무런 영향도 미치지 않는다고 생각해 더 이상 자기 삶의 문제를 하나님과 의논해 해결하고자 하지 않고, 자신의 방법대로 이해하고 살아갑니다. 하나님은 그런 자들을 위해서 싸우지 않으십니다. 나는 어떤 일에서 하나님의 뜻을 묻지도 않고 하나님을 의지하지 않습니까? 하나님은 오직 하나님만 의지하는 자들을 위해 싸우십니다.

습 3:19 그때에 내가 너를 괴롭게 하는 자를 다 벌하고 저는 자를 구원하며 쫓겨난 자를 모으며 온 세상에서 수욕받는 자에게 칭찬과 명성을 얻게 하리라

하나님이 대신 싸우십니다. 우리를 괴롭게 하는 자를 처리해 주십니다. 하나님은 저는 자를 구해 내시고, 쫓겨난 사람을 모으시고, 수치를 당한 자를 위해 싸워 주십니다. 그들은 사는 동안 "하나님이 과연 어디 있느냐?"며 조롱하는 소리를 들었을 것입니다. 하나님이 살아서 역사하시지 않은 것 같은 현실 때문입니다. 바로 그때, 하나님은 그 결정적인 순간에 침묵을 깨고 일어나 괴롭게 하는 자를 처리하십니다. 지금 하나님이 역사하시지 않은 것 같은 참담한 현실에 있을지라도, '그때', 즉 하나님의 때가 있고 하나님이 싸워 주실 것을 믿어야 합니다.

남편도 없이 어린 두 아들과 살아야 했던 친구가 있습니다. 아무 보호막이 없는 것 같은 친구에게 에베소서에 나오는 '전신 갑주 입는 기도'를 가르쳐 주었습니다. 하나님의 전신 갑주를 입는 것은 머리부터 구원의 투구를 쓰는 것으로 시작해 발끝 평안의 복음의 신을 신고 손에 말씀의 검을 드는 것까지 그 의미를 생각하며 기도로 올려드리는 것입니다. 친구는 정말 하나님밖에 의지할 데 없는 가난한 마음을 가졌기에, 실제로 날마다 두 아들에게 하나님의 전신 갑주를 입혔습니다. 굶어 죽을 것 같은 두려움이 있었는데 어느덧 아들 둘이 장성해서 엄마에게 용돈을 주는 청년들이 되었습니다.

지금 친구는 전신 갑주 기도로 선교지에 있는 제 손자, 손녀에게 날마다 전신 갑주를 입힌다고 합니다. 하나님의 전신 갑주는 기도로 입는 것입니다. 친구는 전신 갑주 입는 기도를 날마다 하고 있습니다. 왜냐하면 전신 갑주 입는 기도가 실제인 것을 경험했기 때문입니다. 하나님의 전신 갑주를 입는 기도는 하나님이 우리에게 주신 영적 무기입니다.

느헤미야가 성벽을 쌓는 이스라엘 백성에게 한 손으로는 일을 하게 하고 다른 한 손으로는 무기를 들게 한 것처럼, 날마다 영적 전쟁터인 현실을 사는 우리도 전신 갑주를 입어야 합니다. 나를 위해 싸워 주시는 하나님을 믿는 사람은 전신 갑주를 항상 입고 하나님 뒤를 따릅니다. 구원으로 무장하고, 의로, 진리로, 복음으로, 믿음으로, 말씀으로 무장한 나를 볼 때 사탄은 공격할 수 없습니다.

나의 삶을 돌아보며 나는 하나님만 의지하는 가난한 자였는지 기억해 봅시다. 하나님이 나의 삶을 돌보지 않으시는 것 같다고 생각해서 무너지지는 않았는지 생각해 봅시다. 신앙생활을 하면서 우리는 생각지 못한 일을 종종 만납니다. 그러나 그 순간에 또한 생각지도 못한 하나님의 음성을 듣기도 합니다.

말씀을 볼 때 다른 사람에게만 적용하는 사람들이 있습니다. 하나님이 하실 일을 기대하기보다 자신이 깨지는 것이 싫기 때문입니다. 하나님보다 나 자신이 더 중요하다는 생각은 하나님이 하시는 새로운 일을 보지 못하게 합니다. 내 안전이 깨질지라도 하나님께 초점을 맞출 때 우리의 낡은 것들이 떠나갑니다.

우리의 믿음이 공허하고 죽은 것이라면 하나님의 말씀을 이론으로만 받아들이게 됩니다. 성도의 정체성이 무엇인지 확실히 알지 못하고 복음의 능력 대신 종교적인 활동에 자기 정체성을 두는 교회는 새 시대를 견뎌 낼 힘이 없습니다. 낡은 것을 버리는 이유는 새것을 세우기 위함입니다. "오직 의인은 믿음으로 말미암아 살리라"(롬 1:17)라는 로마서 말씀이 종교 개혁을 일으켰습니다. 복음이 구원의 능력을 주어 그 시대 성도들을 살게 한 힘이 되었습니다. 이 시대 교회도 개혁이 필요합니다.

통곡과 눈물로 기도할 때
우리는 작아지고 하나님은 커지신다

하나님이 개입하시는 인생과 하나님 없는 인생은 완전 대비됩니다. 고난이 올 때에는 그리스도의 사랑이 느껴지지 않습니다. 사탄은 우리를 압박해서 그리스도의 사랑에서 끊어 내기를 원합니다.

롬 8:35 누가 우리를 그리스도의 사랑에서 끊으리요 환난이나 곤고나 박해나 기근이나 적신이나 위험이나 칼이랴

환난과 곤고와 박해는 불경건하고 적대적인 세상이 주는 압력입니다. 앞으로 점점 더 그런 시대가 될 것입니다. "환난"은 원래 로마 시대에 쓰던 타작기를 뜻합니다. 타작기로 곡식을 내리치듯이 몰아치는 것이 성도의 환난입니다. "박해"는 노골적으로 어떤 사람이 나를 미워하고 거부하고 방해하며 공격하는 것을 의미합니다. 기근이 올 때에는 우리의 마음이 흔들립니다.

존 파이퍼(John Piper) 목사님이 9·11테러 사건 1주기 때 피해자들을 교회에 초대했다고 합니다. 그때 그가 리사 비머(Lisa Beamer)라는 여인에 대해 이야기했습니다. 그녀의 남편은 9·11테러 사건 당시 추락한 비행기에 타고 있었습니다. 그는 리사와 돌이 채 되지 않은 막내를 포함해 세 어린 자녀를 남겨 둔 채 세상을 떠났습니다. 그 후 리사는 9·11테러 사건으로 부모를 잃은 아이들을 돕고자 남편의 이름으로 재단을 설립했습니다. 그리고 방명록의 자기 서명 아래에 창세기 50장 20절 말씀을 적어 놓았습니다. "당신들은 나를 해하려 하였으나 하나님은 그것을 선으로 바꾸셨다." 고난이 그녀를 주님 앞으로 더 가까이 가게 했습니다.

우리는 고통당할 때 하나님이 무력하게 보고만 계시는 것같이 느껴집니다. 시편 44편 기자는 하나님이 그런 분이신 것처럼 호소합니다.

시 44:23-26 주여 깨소서 어찌하여 주무시나이까 일어나시고 우리를 영원히 버리지 마소서 어찌하여 주의 얼굴을 가리시고 우리의 고난과 압제를 잊으시나이까 우리 영혼은 진토 속에 파묻히고 우리 몸은 땅에 붙었나이다 일어나 우리를 도우소서 주의 인자하심으로 말미암아 우리를 구원하소서

이런 기도를 드려 본 적이 있습니까? 왜 이런 기도가 나오나요? 하나님이 가만히 계시는 것 같고, 주무시는 것 같기 때문입니다. 나를 외면하시는 것 같기 때문입니다. 내가 얼마나 처참하고 억압당하는지, 흙먼지에 처박힌 것 같고 뱃가죽이 땅에 붙은 것 같은지를 모르시는 것 같기 때문입니다. 그러나 기독교는 신이 인간을 위해 기도하는 유일한 종교입니다. 우리가 고난으로 무엇을 기도할지 알지 못해도 우리 안에서 성령이 말할 수 없는 탄식으로 기도하십니다(롬 8:26).

하나님은 우리에게 고난을 피하게 해 주겠다고 약속하지 않으셨습니다. 고난이 있겠지만 내 사랑이 끊어진 것은 아니라고 말씀하십니다. 위험에 처할 수도 있고, 죽을 수도 있지만, 그럴지라도 내 사랑에서 끊어진 것이 아니라고 하십니다. 그리스도인이 경험하는 그 어떤 일도 그리스도의 사랑에서 끊어졌다는 증거가 아닙니다(롬 8:38-39). 하나님은 아들의 생명을 내어 주심으로 사랑을 보이셨습니다. 기도와 응답

중간사를 지날 때 "그래도 내 사랑이 끊어진 것이 아니다"라는 하나님의 음성을 들으면 삽니다.

우리에게는 오늘에 따르는 두려움과 내일에 대한 염려가 있습니다. 미래가 보장되지 않을 것 같아 불안하고, 미래에 닥칠 어려움을 피하고 싶습니다. 그러나 우리의 모든 시공간은 하나님의 주권에 속해 있습니다. 고난은 우리를 하나님의 사랑에서 끊어 내어 망하게 하는 것이 아니라 우리를 정결하게 합니다. 하나님의 사랑을 깨닫지 못하면 무력하고 무감각해져 버립니다. 영적인 무감각에 빠진 성도는 짠맛을 잃어버린 소금같이 밖에 버려져 사람의 발에 밟힐 뿐입니다. 고난을 이겨 낼 수 없고 자신에게 오는 고난을 해석할 수 없습니다.

예수님도 이 땅에서 고난을 받으셨습니다. 고난과 영광은 분리할 수 없습니다. 우리도 그렇습니다. 고난의 훈련, 십자가 훈련이 하나님 나라를 상속하는 후계자 훈련입니다. 하나님 역시 자기 아들을 선교 현장에 묻으셨습니다. 그리고 하나님이 그 아들을 죽은 자 가운데서 일으키셨을 때 우리 역시 일으키신 것입니다.

고난을 당하는 동안 그리스도와 우리의 관계가 더욱 친밀해집니다. 우리는 하나인 것을 알게 됩니다. 하나님이 고난 가운데서도 일하신다는 사실을 모르면 내게 닥치는 고난을 이해하지 못합니다. 하나님이 그분의 영광을 드러내시는 방법은 예수와 십자가입니다. 예수님은 고난을 통해 하나님의 영광을 완성하셨습니다.

히 5:7-8 **그는 육체에 계실 때에 자기를 죽음에서 능히 구원하실 이에게**

심한 통곡과 눈물로 간구와 소원을 올렸고 그의 경건하심으로 말미암아 들으심을 얻었느니라 그가 아들이시면서도 받으신 고난으로 순종함을 배워서

여기서의 기도는 겟세마네 동산에서 주님이 땀방울이 핏방울이 되도록 간절하게 구하신 기도입니다. "심한 통곡"은 큰 고통 가운데서 절로 터져 나온 소리임을 생생하게 보여 줍니다. 상처가 깊은 사람의 입에서 저절로 신음 소리가 터져 나오듯, 예수님도 그 상태에 빠지셨음이 분명합니다. 참을 수 없는 긴장과 고통 가운데서 예수님은 통곡하기까지 하셨습니다. 아버지께 울면서 간구와 소원을 올려 드린 것입니다. 얼굴에 있는 모세 혈관이 터져서 피부 밖으로 나온 피가 땀방울에 섞여 땅에 떨어질 정도로 간절히 기도하셨습니다. 예수님은 십자가 죽음을 앞두고 육체를 입은 한 인간으로서 두려움과 혼란, 절망감에 싸여 우리와 마찬가지로 내적 혼란을 겪으신 것입니다.

마태복음에는 이 기도를 주님이 세 번이나 하셨다고 기록되어 있습니다(마 26:44). 히브리 사상에서 '세 번'은 완전함을 상징하는 횟수입니다. 주님은 더 이상 기도할 필요를 느끼지 않을 정도로 간절하고도 완전하게 기도하셨습니다. 이 땅에서 육체를 가지고 사는 우리의 현실도 통곡하지 않을 수 없고 눈물 흘리지 않을 수 없습니다. 육체는 그런 것입니다. 예수님은 인간이 되시어 그렇게 아버지 앞에서 통곡과 눈물로 간구하셨습니다.

약한데 강한 것처럼 보일 필요도 없고, 죽을 것 같은데 웃어 보일

필요도 없습니다. 소망을 가지고 있다고 애써 말할 필요도 없습니다. 오히려 나는 약한 존재라고 고백하고, 내 문제를 해결할 능력이 없다고 인정하고, 죽음을 넘어설 수 없다고 통곡하며 눈물을 흘립시다. 죽음이 두렵고, 장래가 무섭고, 기대가 깨지고, 계획이 엇나갈 때 능히 구원하실 이에게 심한 통곡과 눈물로 간구와 소원을 올려 드립시다. 하나님은 상하고 통회하는 마음을 멸시하지 않을 것이라 약속하셨습니다(시 51:17).

우리는 그저 고통만 없어지기를 바라지만 하나님의 생각은 다릅니다. 하나님은 이미 우리의 구원을 완성하셨고 우리의 미래도 완성하셨습니다. 심한 통곡과 눈물로 간구와 소원을 올려 드릴 때 우리는 작아지고 그분은 커지십니다. 이것이 기도와 응답 중간사를 지나는 우리의 능력이 됩니다.

8장

하나님이 이루실 때까지 믿고 견디는 믿음

지난 몇 년간 우리는 코로나19 팬데믹이라는 전대미문의 일을 겪었습니다.

대하 7:13 혹 내가 하늘을 닫고 비를 내리지 아니하거나 혹 메뚜기들에게 토산을 먹게 하거나 혹 전염병이 내 백성 가운데에 유행하게 할 때에

팬데믹 이후 우리는 이 말씀을 실감하지 않을 수 없습니다. 이상 기후가 점점 심해지는 이 시대, 하늘을 닫아 비가 오지 않고 메뚜기 떼가 수확한 것을 다 갉아먹는 것 같은 경제적 위기, 애써도 손에 남는 것이 없는 현실을 우리는 경험하고 있습니다. 지구상의 모든 사람이 무력하게 당할 수밖에 없습니다. 이 모든 일을 주관하시는 하나님이 우리의 경계를 허물고 계십니다. 이런 일들이 일어날 때에는 내가 누구인가를 바로 알고, 하나님이 어떤 일을 해 주실 수 있는지를 알아야 합니다.

기도의 목표는 하나님 자체이다

대하 7:14 내 이름으로 일컫는 내 백성이 그들의 악한 길에서 떠나 스스로 낮추고 기도하여 내 얼굴을 찾으면 내가 하늘에서 듣고 그들의 죄를 사하고 그들의 땅을 고칠지라

우리는 내가 누구인가를 알아야 합니다. 나는 하나님의 이름으로 일컫는 하나님의 백성입니다. 하나님이 내게 행해 주신 일이 있고, 예수를 보내사 구원을 주신 분이라는 사실을 알아야 합니다. 그런 내가 악한 길에 있다는 것을 알아야 합니다. 교회 안과 밖의 재난과 경제위기와 이상 기후와 전염병 등의 원인이 내게 있다는 것을 알고 악한 길에서 돌이켜야 합니다. 내가 사는 방식이 악하다는 것과 하나님의 의도와 다르다는 것을 인정하고 돌이켜야 합니다. 통로가 정결하지 못했음을 인정해야 합니다. 스스로 낮추는 환경이 하나님에게서 왔음을 인정하고, 내 죄를 직면하고 받아들이고 회개해야 합니다.

하나님 앞에 나와 하나님만을 구할 때 하나님이 내 죄를 용서하시며 이 땅을 고치시는 회복이 일어날 것입니다. 우리가 우리의 일을 하면 하나님은 하나님의 일을 하십니다. 하나님은 우리 마음을 낮추십니다. "스스로 낮추고"는 수동태입니다. 우리는 낮아질 수밖에 없어

서 스스로 낮아졌습니다. 망할 때 우리 한계를 인정할 수밖에 없습니다. 내가 파산 상태인 것을 인정해야 합니다. "기도하여"는 재귀동사입니다. 나 자신이 나를 기도하게 한다는 뜻입니다. 우리는 기도해야하는 것을 아는데도 기도하지 않는 존재들입니다. 억지로라도 기도의 자리에 앉도록 몸부림쳐야 합니다. 고라 자손이 말한 것처럼 내 영혼에게 말해야 합니다.

시42:5 내 영혼아 네가 어찌하여 낙심하며 어찌하여 내 속에서 불안해하는가 너는 하나님께 소망을 두라 그가 나타나 도우심으로 말미암아 내가 여전히 찬송하리로다

기도의 목표는 하나님 자체입니다. 주님 존재 자체를 만나야 하는 이유는 악한 길에서 떠나야 하기 때문입니다. 주님 앞에 서야 내가 악한 길에 있다는 것을 알게 되기 때문입니다. 기도하자며 내 영혼을 기도의 자리로 끌고 와야 합니다. 그때 하나님이 하늘에서 들으시고 죄를 용서하시고 땅을 고쳐 주실 것입니다.

내 한계를 정하고, 내 안전만 구하고, 내 의만 붙잡고, 그 안에서 머물기만을 원했던 내게 하나님은 하나님의 이름으로 불리는 백성의 역할이 있음을 알게 해 주셨습니다. 이 시대에 재앙을 만난 사람들이 너무도 많습니다. 강도 만난 자와 같이 생각지도 못했던 일들을 당하는 사람들이 많습니다. 혼자 견디기 힘든 문제들입니다. 집값 상승으로 고통받는 사람들, 상대적 빈곤을 느끼는 사람들, 자녀 문제로 고통

받는 사람들, 취업난을 겪으며 미래가 없다고 생각하는 청년들, 결혼 생활에 어려움을 겪는 사람들, 노숙자, 난민 등 많은 사람이 파산 상태로 무기력하게 삶을 이어 가고 있습니다. 두려움과 절망 속에 있는 그들에게는 영적 필요, 사회적 필요, 신체적 필요, 정서적 필요 등 수많은 필요가 있습니다.

최근 이혼 위기에 있는 젊은 자매를 만났습니다. 나 자신 하나도 감당 못하는 우리는 배우자가 벅차고, 자녀가 버겁습니다. 그럴 때 "내 이름으로 일컫는 내 백성" 중에 중보자가 나와야 합니다. 가정이 깨질 위기 앞에서, 스스로 낮추신 환경 앞에서 기도하고 하나님의 얼굴을 구할 때 하나님이 그분을 알게 하실 것입니다. 부부 중 한 사람이라도 먼저 '내게 원인이 있구나' 하며 그 악한 길에서 떠나 엎드릴 때 하나님이 그 땅을 고치실 것입니다.

우리는 교회에 나가지 않는 자녀의 마음을 살피기보다 자녀가 신앙생활을 안 한다고 정죄하고 판단합니다. 자녀의 마음에 이 세상의 어떤 가치관이 들어가 있기에 하나님을 알지 못하는지 알아야 합니다. 그런 자녀가 있을 때 "내 이름으로 일컫는 내 백성", 즉 내가 해야 할 일이 있는 것입니다. 왜 오랜 세월 기도해도 배우자가 신앙을 갖지 않을까요? 가정에서 자기 의를 내세우는 나 때문일 수도 있습니다. 직장에서 교회 다니는 사람들의 삶이 따라 주지 않는 것을 보았기 때문일 수도 있습니다. 그런 배우자가 있을 때 "내 이름으로 일컫는 내 백성"인 내가 먼저 악한 길에서 떠나야 합니다.

좋은 학교, 좋은 직장에 들어간 것, 좋은 배우자를 만나 결혼한 것,

부동산 값이 오른 것 등이 하나님이 복 주셔서라고 간증하면 그렇지 못한 사람들의 마음은 무너집니다. 이 시대에 이런 상황, 저런 상황으로 스스로 자기 삶을 살아 내기가 힘든 사람들이 너무도 많습니다. 그들이 기도와 응답 중간사를 지나는 나의 기도에 들어올 사람들입니다. 모든 사람이 자신이 하나님 앞에서 가난한 자이며 영적 파산 상태임을 알고, 악한 길에서 떠나 스스로 낮추고 기도하여 하나님의 얼굴을 찾으면, 하나님이 하늘에서 들으시고 우리 죄를 사하시고 땅을 고쳐 주실 줄 믿습니다.

기도의 끝은 예수님을 만나는 것이다

바울은 하나님이 우리가 구하거나 생각하는 모든 것보다 훨씬 더 넘치도록 능히 주시는 풍성한 하나님이라고 했습니다.

엡 3:20 **우리 가운데서 역사하시는 능력대로 우리가 구하거나 생각하는 모든 것에 더 넘치도록 능히 하실 이에게**

하나님이 우리가 구하거나 생각하는 것보다 훨씬 더 넘치도록 주시는 근거가 무엇일까요? 이사야 53장에 그리스도가 자신을 속건 제물로 드리셨다는 구절이 나옵니다.

사 53:10 여호와께서 그에게 상함을 받게 하시기를 원하사 질고를 당하게
하셨은즉 그의 영혼을 속건 제물로 드리기에 이르면 그가 씨를 보게 되
며 그의 날은 길 것이요 또 그의 손으로 여호와께서 기뻐하시는 뜻을 성
취하리로다

속건제는 하나님과 사람에게 정신적으로나 물질적으로 피해를
끼쳤을 때 드리는 제물입니다. 그래서 반드시 보상이 따라야 합니다.
가해자는 피해자에게 전부를 배상하고 그 위에 5분의 1의 값을 더해
서 주어야 합니다. 즉 원래 보상에 5분의 1을 얹어 주는 것입니다. 우
리의 죄가 하나님께 갚을 길 없는 손해를 입혔기에 우리는 하나님께
배상해야 했습니다. 범죄한 내가 하나님과 화해하기 위해서는 속건
제를 드려야 했습니다. 그런데 그때 예수님이 가해자인 나의 자리에
서셨습니다. 가해자로서 벌을 받으시는 예수님을 묘사한 말씀이 있
습니다.

사 53:3 그는 멸시를 받아 사람들에게 버림받았으며 간고를 많이 겪었으
며 질고를 아는 자라 마치 사람들이 그에게서 얼굴을 가리는 것같이 멸
시를 당하였고 우리도 그를 귀히 여기지 아니하였도다

예수님이 가해자인 나를 대신해서 내 자리에 서셨기에 이런 멸시
를 당하셨습니다. 내가 갚아야 할 것보다 5분의 1을 더하여 넘치도록
보상하셨습니다. 예수님이 우리 대신 속건 제물로 드려지시는 것이

바로 하나님의 계획이었습니다. 예수님을 속건 제물로 받으사 공의를 만족시키신 하나님은 하나님의 뜻을 성취하셨습니다. 그리스도는 자신의 생명을 우리의 어마어마한 빚을 갚는 데 내놓으셨습니다. 그래서 예수를 믿는다는 것은 예수께서 나를 대신해서 죗값을 치르시고 죽으시고 다시 사셔서 내 안에 계시다는 사실을 믿는 것입니다.

"우리가 구하거나 생각하는 모든 것에 더 넘치도록" 하신다는 말은 바로 예수께서 속건 제물로 넘치도록 배상해 주셔서 내 죄를 담당하셨다는 뜻입니다. 속건 제물로 드리기까지 나를 사랑하신 주님이 내가 구하거나 생각하는 것 이상으로 더 넘치도록 주시는 분임을 알고 그분을 주목하게 되면 내 기도의 끝은 예배가 됩니다. 어떤 사람이 예배합니까? 예수께서 내 죄를 대신 속해 주셨음을 믿는 사람입니다.

왜 우리 자녀, 배우자, 가족이 예배드리지 못하나요? 자기가 죄인이라는 사실을 인정하지 못하기 때문입니다. 우리는 속사람이 강건하지 못하기에 기도해야 합니다. 그리스도가 내 안에 계심을 믿지 못하기에 기도해야 합니다. 지식에 넘치는, 측량할 수 없는 그리스도의 사랑을 모르기에 기도해야 합니다. 우리 기도의 끝은 나를 위해 넘치도록 충만하게 행하신 예수님을 만나는 것입니다. 하나님이 우리에게 기도와 응답 중간사를 허락하신 이유입니다.

우리는 문제를 가지고 "이렇게 저렇게 해 주세요"라고 기도합니다. 마치 하나님이 안 해 주시는 듯, 하나님을 설득하는 것처럼 기도합니다. 하지만 실은 기도하는 나를 위해 기도해야 합니다. 이 길, 저 길이 다 막힌 것 같은 사람을 위해 기도하면서 "길을 열어 주세요. 이 문제가 해결되게 해 주세요"라고 하는 것은 하나님이 그에게 아무 계획이 없으신 것처럼 기도하는 것입니다. 하나님은 우리 아버지이십니다. 하나님께는 자녀를 향한 계획이 있습니다. 이미 계획을 가지신 아버지이기에 "이렇게 저렇게 해 주세요"라고 기도하기보다는 하나님이 그 계획을 이루시기까지 그가 믿고 견딜 수 있도록, 성령으로 속사람이 강건해지기를 기도해야 합니다. 그것이 그를 위한 최상의 기도입니다.

주님이 나를 안고 계시기에
고난의 시간을 뚫을 수 있다

신앙생활을 처음 시작할 무렵 우리는 주로 자신의 유익을 구하는 기도를 많이 합니다. 그러나 하나님을 알아 가면서 하나님이 원하시는 것에 관심을 기울이기 시작합니다. 마지막 시대에 기도와 응답 중간 시간을 살아가면서 신부인 우리는 사랑하는 주님을 의지하고 거친 들과 같은 곳에서 살아 내야 하는 과정을 겪을 것입니다. 그런 우리에게 주님은 불같은 사랑을 부어 주심으로 화답하실 것입니다. 교회와 예수님은 점점 성숙해지는 사랑의 관계로 동역하게 될 것입니다. 보이지 않아도 하나님의 은혜가 우리를 붙들고 있습니다.

아 8:3 너는 왼팔로는 내 머리를 고이고 오른손으로는 나를 안았으리라 신랑이신 예수님은 사랑이 넘치는 팔 안에 신부인 우리를 품어 안으십니다. 그분의 충만한 사랑이 우리를 감싸 안고 있습니다. "왼팔"은 눈으로 볼 수 없는 하나님의 활동을 말합니다. 머리 밑에 있기 때문에 보이지 않지만, 주님은 우리를 위해 우리가 알 수도 없는 많은 일을 하십니다. "오른손"은 우리가 직접 볼 수도 있고 느낄 수도 있는 하나님의 임재로 꼭 붙잡아 주시는 것을 의미합니다. 그렇기에 우리가 지탱할 수 있습니다. 어두움의 날들이 우리를 에워쌀 때도 하나님이 우리를 꽉 안아 붙들어 주십니다.

내 고난의 시간에 주님이 보이지 않습니까? 보이지 않는 왼팔로 안고 계시는 중입니다. 아가서에는 참 아름다운 광경이 있습니다.

아 8:5 그의 사랑하는 자를 의지하고 거친 들에서 올라오는 여자가 누구인가

주님이 안고 계시기에 '사랑하는 사람에게 기대어 오고 있다'고 표현합니다. "거친 들에서 올라오는"이라는 말은 광야의 시험과 삶의 고난들을 통과해 여기까지 왔다는 의미입니다. 어두운 밤과 힘겨운 시간을 겪으면서도 계속 여정을 이어 올 수 있었던 이유는 오직 하나, 사랑하는 자를 의지했기 때문입니다. 이것이 기도와 응답 중간 광야를 지날 때 멈추지 않고 쓰러지지 않을 수 있는 유일한 방법입니다. 거친 들에서 올라오는 것은 상승의 이미지입니다. 빠져나오고 있는 것입니다. 그는 사랑하는 자를 의지하고 포기하지 않고 믿음을 지킬 수 있었습니다. 오직 사랑하는 예수님을 의지하는 자만이 끝까

지 남습니다.

기도와 응답 사이의 광야를 거치는 많은 사람이 중간에 포기합니다. 그러나 그만두고 싶을 때 주님이 나를 안고 계시기에, 무슨 일이 있어도 거친 들에서 올라올 수 있습니다. 주님을 의지하기 전에는 방황하던 광야를 벗어날 수 없었습니다. 그분을 의지하는 곳이 바로 우리가 있어야 할 자리입니다. 그분의 품에서 우리는 안심하고 쉴 수 있습니다. 그분은 삶의 근원이자 공급이시요, 힘과 위로가 되는 연인이십니다. 우리의 삶 전체에 걸쳐서 주님을 의지하는 것이 우리가 살아갈 근거가 됩니다. 우리는 자신에 대한 확신이 아니라 그분에 대한 확신으로 사는 승리한 신부입니다. 그분께 의지할 때 그분의 생명과 지혜, 그분의 능력으로 연결됩니다.

그런 우리를 보고 세상은 질문합니다. "사랑하는 자를 의지하고 거친 들에서 올라오는 자가 누구인가?" 이처럼 놀라움에 찬 질문을 받기까지, 우리는 자신의 이해력과 지혜를 의지하고 살아왔습니다. 스스로 문제를 해결하면서 스스로 구원하기를 원했습니다. 그분께 의지하기보다 그분을 떠나 방황했습니다. 이제 이 모든 것이 뒤바뀌었습니다. 이를 위해 하나님이 거친 들을 허락하셨습니다. 거친 들의 목적이 달성된 것입니다.

그러나 아가서에는 그전에 또 한 사람, 거친 들에서 올라오는 자가 있었습니다.

아3:6 몰약과 유향과 상인의 여러 가지 향품으로 향내 풍기며 연기 기둥

처럼 거친 들에서 오는 자가 누구인가

거친 들에서 오는 이 사람은 결혼식을 하기 위해 신부 집을 향해 오는 신랑입니다. 신랑을 호위한 용사들의 발걸음으로 연기 기둥처럼 먼지가 일어나며 장엄하게 다가오는 장면입니다. 이렇게 신부를 얻기 위해 죽음을 이기고 거친 들에서 오시는 신랑의 모습과 그분을 의지하고 거친 들에서 올라오는 신부의 모습은 영광스럽습니다. 신랑의 팔에 안겨 사랑하는 자를 의지하고 거친 들에서 올라오는 우리에게 주님은 불같은 사랑으로 화답하십니다.

아8:6 너는 나를 도장같이 마음에 품고 도장같이 팔에 두라 사랑은 죽음같이 강하고 질투는 스올같이 잔인하며 불길같이 일어나니 그 기세가 여호와의 불과 같으니라

사랑은 죽음같이 강합니다. 죽음보다 더 강한 것이 있을까요? 죽음에서 피할 수 있는 사람은 아무도 없습니다. 인간의 힘은 죽음 앞에서는 아무 소용이 없습니다. 죽음은 한 번 움켜쥐면 절대 놓지 않습니다. 예수님의 사랑이 이와 같습니다. 죽음이 자기 희생자를 놓아 주지 않는 것처럼 예수님의 사랑은 우리를 포기하지도, 내어 주지도 않습니다. 너무나 강렬해서 죽음에만 비교될 수 있는 예수님의 사랑이 우리를 단단히 붙들고 절대로 놓지 않습니다. 그분의 사랑에서 우리가 도망간다 해도 그분은 틀림없이 찾아내실 것입니다. 그분의 사랑은

질투하는 사랑입니다. 그분의 사랑의 질투는 순전하며 우리를 그분의 것으로 삼아 소유하시려는 강한 열망의 결과입니다. 그분은 자신의 백성이 거룩함에 이르지 못하게 가로막는 모든 방해물을 소멸하는 불이십니다. 우리는 실패할지라도 사랑은 실패하지 않습니다.

아8:7 많은 물도 이 사랑을 끄지 못하겠고 홍수라도 삼키지 못하나니 사람이 그의 온 가산을 다 주고 사랑과 바꾸려 할지라도 오히려 멸시를 받으리라

물은 불을 꺼뜨리지만, 많은 물이라도 주님의 사랑을 끌 수 없습니다. 원수는 이 불을 끄려고 핍박과 유혹과 상심과 고통의 물을 홍수처럼 쏟아붓습니다. 그러나 위로부터 부어지는 하나님의 사랑의 불은 절대로 꺼지지 않습니다. 그 불은 우리에게 열정을 일으키고 결단하게 하며, 우리를 목적지로 인도합니다. 형식주의와 위선과 미지근함과 무관심과 잠자는 것을 태워 버립니다. 일편단심 주님만 바라보게 합니다. 불같은 사랑에 성령의 기름이 계속 부어져서 우리로 한 가지 일에 타오르게 합니다. 그 일은 하나님을 기쁘시게 해 드립니다.

기도와 응답 사이 냉담한 시간을 지날 때 나는 이처럼 불같은 사랑을 받는 자라는 사실을 잊지 않아야 합니다. 주님이 부어 주시는 불같은 사랑이야말로 영적인 냉담함의 유일한 해독제입니다. 이 불같은 사랑을 알지 못하면 기도할 때 시작하기도 힘들고, 활력이 없고, 시간만 낭비하다 일어서고 맙니다. 그러나 불같은 사랑을 신뢰하면서 기도하되 돌파가 이루어질 때까지 끈질기고 필사적으로 기도할 때 영적인 냉담함에서 벗어날 수 있습니다.

바깥뜰에서 안뜰로, 성소에서 지성소로 나아갈수록 하나님의 임재에 점점 더 가까이 다가갈 수 있습니다. 바깥뜰은 머리의 차원에서 이루어지는 간구의 단계입니다. 이성으로 기도하는 것입니다. 안뜰은 우리 마음의 갈망과 관련됩니다. 감정으로 기도하는 것입니다. 지성소에 들어갈 때 우리는 하나님의 임재 안으로 들어갑니다. "거기서 내가 너와 만나리라" 하신 하나님의 얼굴에만 관심을 둘 때 우리는 훨씬 높은 차원의 기도를 드릴 수 있습니다. 지성소는 하나님의 마음이 가장 분명하게 계시되는 장소입니다. 하나님은 그분의 아들이 기도하신 것처럼 기도하는 사람을 찾으십니다.

실패할 때 하나님이 해결하시도록 하는 두 가지 방법

하나님께 주권을 넘겨 드릴 때까지 기도하기

우리는 날마다 실패하고 좌절하곤 합니다. 건강에 이상이 생겼다는 말을 들었을 때, 간신히 버티다 재정에 큰 타격을 입었을 때, 자녀에게 내가 해결해 줄 수 없는 일이 생겼을 때, 부부간에 문제가 있는데 소통이 되지 않을 때, 내 미래가 보이지 않는 듯 암담할 때, 내 능력 이상의 것을 요구받을 때 등. 내 삶에 이런 일들이 일어나도 우리는 원인을 모르는 경우가 많습니다. 여리고성 승리 이후 아간의 죄로 아이성에서 실패했을 때 여호수아도 실패의 원인을 몰랐습니다.

수 7:6 여호수아가 옷을 찢고 이스라엘 장로들과 함께 여호와의 궤 앞에서 땅에 엎드려 머리에 티끌을 뒤집어쓰고 저물도록 있다가

여호수아가 옷을 찢고 머리에 티끌을 뒤집어쓴 것은 패배의 충격이 얼마나 컸는지를 잘 보여 줍니다. 그가 여호와의 궤 앞에서 땅에 엎드린 것은 여호와의 임재 앞으로 나아온 것을 의미합니다. 무력감과 좌절 속에서도 그는 어디로 가야 할지를 알고 있었습니다. 그렇지만 하나님 앞에 엎드렸어도 이런저런 생각으로 속이 시끄럽고 복잡할 때는 기도가 안 나옵니다. 옷을 찢고 여호와의 궤 앞에서 얼굴을 땅에 대고 저녁까지 있는 동안 여호수아는 이유를 알 수 없는 패배로 생각이 복잡했을 것입니다. 저녁이 되어서야 마음이 좀 정리가 되자 기도가 나오기 시작했습니다.

수 7:7 이르되 슬프도소이다 주 여호와여 어찌하여 이 백성을 인도하여 요단을 건너게 하시고 우리를 아모리 사람의 손에 넘겨 멸망시키려 하셨나이까 우리가 요단 저쪽을 만족하게 여겨 거주하였더면 좋을 뻔하였나이다

마침내 입을 열었을 때 여호수아의 입에서 나온 말은 원망이었을까요? 만약 원망이고 불평이었다면 하나님은 여호수아에게도 진노하셨을 것입니다. 상황이 이해되지 않을 때 내 심정 그대로를 말할 수

있으려면 친밀한 관계여야 합니다. 원망과 불평은 이미 한나절 동안 여호수아의 마음속에서 폭풍과 같이 일어났을 것입니다. 겨우 가라앉았을 때 그는 입을 열어 복잡한 마음 그대로 하나님께 올려 드렸습니다.

수 7:9 가나안 사람과 이 땅의 모든 사람들이 듣고 우리를 둘러싸고 우리 이름을 세상에서 끊으리니 주의 크신 이름을 위하여 어떻게 하시려 하나이까 하니

여호수아는 이런 상황에서 '하나님이 누구신가?'를 생각했습니다. 하나님은 약속의 땅을 주겠다고 약속하신 분이며, 자기의 이름을 위해 성취하시는 분입니다. 그래서 지금까지 그들을 이곳으로 인도하셨습니다. 여호수아는 큰 그림에 비추어 현재 상황을 생각했고, "그렇게 되면 주의 크신 이름이 어떻게 되겠습니까"라고 하나님께 아뢰었습니다. 원문 그대로 해석하면 "당신은 무엇을 하실 것입니까?"라는 뜻입니다. 하나님의 이름과 영광이 땅에 떨어지지 않도록 하나님 자신은 무엇을 행하실지 물은 것입니다. 내 삶에 실패가 있을 때 하나님이 해결하시도록 그 문제를 드려야 합니다. 내가 할 수 있는 첫 번째 일이 바로 하나님께 주권을 넘겨 드리는 것입니다.

내 기도 시간을 무엇으로 채우고 있는지 생각해 보십시오. 하나님께 기도한다고 앉았어도 이 생각, 저 생각으로 혼자 시간을 보내다 일어날 때가 많습니다. 복잡한 내 속을 이리저리 휘젓고 돌아다닐 때가

많습니다. 이렇게 시간을 보내다 자리에서 일어나서는 기도한 줄로 착각합니다. 그러고는 '왜 아무 일도 일어나지 않을까?' 하며 이상하게 여깁니다. 실패의 자리에서 내 복잡한 속이 다 지나간 다음에, 진짜 기도가 시작되는 지점은 하나님께 주권을 드릴 때입니다.

여호수아처럼 원인도 모른 채 패배했을 때 하나님과 시간을 보내기 바랍니다. 아침부터 저녁까지 하루를 정해 놓고 하나님과 시간을 가져 보십시오.

세계적인 투자의 귀재라는 워런 버핏(Warren Buffett)과의 점심식사가 얼마인지 알고 있나요? 최고가는 39억 원, 최저가는 11억 원이라고 합니다. 약 3시간에 그처럼 엄청난 비용을 지불하는 이유가 무엇일까요? 39억 원을 지불한 사람은 그 후 210억 원가량의 수익을 올렸다고 합니다. 그래서 큰 값을 지불하면서까지 버핏과의 점심식사 시간을 갖는 것이겠지요. 그 3시간 동안 누가 주도권을 가지고 말할까요? 하나님과의 시간은 어떠한가요? 버핏과 비교도 안 되는 창조주 하나님과 평소에 시간을 갖는다면 세상이 감당하지 못합니다. 위기가 닥칠 때만 기도하는 사람은 위기가 와도 하나님 앞에 나아갈 줄 모릅니다. 매일 하나님과 시간을 보내는 사람만이 실패했을 때도 늘 그랬던 것처럼 하나님 앞으로 나아가서 앉아 있을 수 있습니다.

날이 저물도록 하루 종일 하나님 앞에 엎드려 있다가 "주의 크신 이름을 위하여 어떻게 하시려 하나이까" 하며 하나님께 주권을 넘겨드리면 그때부터 하나님이 이끌어 가시는 새로운 기도가 시작됩니다. 이 신비한 기도의 맛을 봐야 합니다. 그 시간을 가져 본 사람만이 여기까지 갈 수 있습니다.

회개가 나올 때까지 기도하기

여호수아의 질문에 비로소 하나님은 이 일이 왜 일어났으며 어떻게 해야 할지를 알려 주셨습니다.

수 7:11 이스라엘이 범죄하여 내가 그들에게 명령한 나의 언약을 어겼으며 또한 그들이 온전히 바친 물건을 가져가고 도둑질하며 속이고 그것을 그들의 물건들 가운데에 두었느니라

하나님은 여호수아에게 하나님 외의 것으로 안정감을 누리려는 탐심의 죄가 이스라엘 가운데 있었음을 알려 주셨습니다. 아간은 단순히 절도죄를 지은 게 아니라 하나님과의 언약을 어긴 것이고, 이는 하나님과의 관계까지 끊어뜨릴 수 있다고 여호수아에게 말씀하셨습니다. 그래서 아이성에서 패할 수밖에 없었습니다. 아간 한 사람이 지은 죄를 이스라엘 전체의 죄라고 말씀하셨음을 주의해 보십시오. 하나님은 아간뿐 아니라 온 이스라엘의 신앙이 변질되었음을 아셨습니다. 그들 속에도 아간과 같은 탐심이 있어서 가나안에 들어가 살 때 얼마나 빠르게 우상 숭배로 이어질지를 하나님은 아셨습니다.

'죄'라는 단어는 '길을 잃다, 표적에서 벗어나다'란 뜻으로, 정해 놓은 길에서 벗어난 것을 의미합니다. 하나님은 이스라엘이 아이성 전투에서 하나님이 원하시는 길에서 벗어나 길을 잃었다고 말씀하셨습니다. 범죄한 아간뿐 아니라 이스라엘 전체가 길을 잃었다고 하셨습니다. 나타난 행동 이면에는 오염된 뿌리가 있습니다. 뿌리가 무엇인지 모르는 한 우리는 계속 범죄하고 실패합니다. 우리 안에 하나님의 대적이 있음을 모르는 채 사는 것입니다.

아간의 죄는 도덕적 죄를 말하는 것이 아닙니다. "탐심은 우상 숭배"(골 3:5)라는 말씀과 같이 하나님과 인간 사이에 진멸해야 할 것이 끼어들었기 때문에 하나님과 인간의 관계가 깨어진 것을 의미합니다. 부부 관계에 누군가 끼어들었다면 둘의 관계가 어떻게 되겠습니까? 하나님의 분노는 하나님과 우리의 관계가 그처럼 인격적이라는 증거입니다. 이스라엘이 아이성에서 패했기 때문에 절박한 위기에 직면했는데도 아이성에 초점을 맞추지 않고 하나님과의 관계에 초점을 맞추는 것은 그것이 바로 하나님이 원하시는 근본적인 대책이기 때문입니다.

해결책은 성결이었습니다. 이스라엘이 거룩한 전쟁에서 승리하기 위해서는 반드시 죄의 근원을 제거해야 했습니다. 그것이 하나님과 바른 관계를 회복하는 길이었습니다. 하나님은 진멸시켜야 할 물건을 없애지 않으면 더 이상 함께하지 않겠다고 하셨습니다. 바꿔 말하면, 하나님과 그들 사이에 있는 것을 없애면 함께하겠다는 말씀입니다. 하나님이 원하시는 본질이 이것입니다. 하나님의 백성과 함께하시는 것입니다.

여호수아가 가장 두려워할 때 하나님이 그에게 첫 번째로 주신 약속이 "내가 너와 함께하리라"였습니다(수 1:9 참고). 하나님은 그것을 다시 회복시키기 원하셨습니다. 우리가 가장 두려워해야 할 것도 하나님이 함께하시지 않음입니다. 아간처럼 명품과 돈이 자기 정체성이요 안전이라면, 하나님이 함께하시지 않을 때 그것들은 자신을 구원할 자산이 되지 못한다는 것을 깨닫게 됩니다.

여호수아는 다음 날 아침 일찍 일어나 이스라엘을 지파별로 나오게 했습니다. 하나님은 왜 "범죄자는 아간이다"라고 말씀하시지 않고 이스라엘을 온 지파별로, 가문별로, 가족별로 나오게 해서 1차, 2차, 3차로 제비뽑기를 하게 하셨을까요? 그때 나아오는 사람들의 마음을 상상해 보십시오. 자기는 죄가 없다는 당당한 마음이었을까요? 당시 아이성 전투에서 이미 서른여섯 명이나 전사했고, 누구의 죄 때문인지 알아내기 위해 차례로 나아올 때 어느 누군들 가슴 떨리지 않았겠습니까. 그 순간 나의 선악이 하나님 손에 달렸다는 사실을 모두 느끼고 겸비해질 수밖에 없었을 것입니다. 내 안을 다시 들여다볼 수밖에 없었을 것입니다. 검사이시며 원고이신 하나님 앞에 내 죄가 낱낱이 드러나 피할 길이 없다고 느꼈을 것입니다.

처음 유다 지파가 뽑혔을 때를 상상해 보십시오. 유다 지파의 자존심과 자부심이 산산이 부서지고 오직 자비와 은혜만 구하는 마음이었을 것입니다. "내가 자격이 있어서 예수님이 오시는 가문이 된 것이 아니구나. 내 의는 내세울 게 없구나. 오직 하나님의 은혜로 살아서 예수님이 오시게 되는 것이구나"라고 고백하지 않을 수 없었을 것입니다. 아간의 죄인데 하나님은 "이스라엘의 죄다. 너희의 죄다"라고 하심으로 모두를 유구무언으로 만드셨습니다. 항변하며 내보일의가 하나도 없음을 발견한 그들은 자기가 제비 뽑혀도 마땅하다는 마음이었을 것입니다. 하나님은 제비를 뽑는 과정을 통해 온 백성을 뜨거운 불을 통과한 것과 같이 성결케 하셨습니다. 제비뽑기 과정이 있었기 때문에 백성은 아간의 돌무더기를 볼 때 심판 가운데서 하나님이 베풀어 주신 긍휼을 기억할 수 있었습니다.

고통스러울 때 우리는 서둘러 고통의 과정을 끝내려 합니다. 그래서 하나님 앞으로 가지 않고 나름대로 정리해 버립니다. 하나님이 "범인은 아간이다"라고 간단히 말씀해 주셨다면 이 패배의 사건은 아간의 범죄만으로 정리가 됐을 것입니다. 모든 사람은 안도의 숨을 쉬었을 것입니다. 그러나 하나님은 모든 백성을 소환하셨습니다. 그들의 마음속에 있는 아간과 똑같은 탐심을 다루셨습니다.

하나님 앞에서 숨기지 못할 내 탐심과 음란이 하나님 앞으로 한 걸음씩 나아올 때마다 나를 고소합니다. 하나님의 진노 앞에 설 자리가 없다는 것을 느껴야 합니다. '왜 나는 이 죄를 반복하는지'를 봐야 합니다. 내 안에 아간이 있다는 하나님의 말씀을 듣는 것이 회복의 시작입니다. 유다 지파 안에 아간이 있다는 사실이 드러나야 그 죄로 인해 예수께서 오십니다. 그래서 하나님 앞으로 가야 합니다. 하나님 앞에 엎드려 있어야 합니다.

언제까지 엎드려 기도해야 하나요? 회개가 나올 때까지 기도해야 합니다. '회개'는 '길을 잃은 곳에서 돌아서는 것'입니다. 실패에는 원인이 있습니다. 나는 알지 못하지만 하나님은 알고 계십니다. 여호수아가 아침 일찍 일어나 백성을 지파별로 앞으로 나오게 한 것처럼 기도하면서 성령께 무엇을 회개할지를 여쭤보십시오. 회개를 성령께 맡기면 그때부터 모험이 시작됩니다. 나도 모르고 있었던 죄를 끄집 어내시기 때문입니다. 내가 주님께 얼마나 큰 죄를 범했는지, 하나님 을 배반한 죄이며, 하나님의 길에서 벗어난 일인지 성령이 깨닫게 하 십니다. 그때 비로소 내 죄가 하나님께 얼마나 큰 고통을 드렸는지 알 고 가슴을 치며 회개하게 됩니다.

진정한 회개는 두 가지를 고백하는 것입니다. 하나님이 어떠한 분 이신지와 자신의 죄가 어떠한지를 고백합니다. "내가 또 하나님 대신 다른 것을 붙들었구나. 그것에서 구원을 얻으려 했구나. 위로를 얻으 려 했구나. 만족을 얻으려 했구나. 인정을 받으려 했구나." 모든 고통 의 원인이 드러납니다. "나는 은혜가 필요한 자구나. 구원이 필요한 존재구나" 하고 알게 됩니다. "나는 제비 뽑혀 죽어도 마땅한 죄인이 구나" 하고 고백하게 됩니다.

회개가 나올 때까지 기도하는 것! 이것이 내 삶에 실패가 있을 때 하나님이 해결하시도록 내가 할 수 있는 두 번째 일입니다. 최근에 그 런 회개를 한 적이 있나요? 매일 매 순간 작은 일에 회개하지 않으면 우리 마음은 어느새 무뎌집니다. 죄에 대해서, 하나님의 진노하심에 대해서 민감하지 않게 됩니다.

여호수아가 아간에게 "내 아들아"(수 7:19) 하고 부를 때 이스라엘 백성은 모두 같은 심정이었을 것입니다. 아들의 죄에 대해 아버지는 어떤 마음을 가지나요? '아들의 죄가 나의 죄'라는 심정 아닌가요? 아 간의 죄는 이스라엘 공동체의 죄가 되었습니다. 그것을 위해 하나님은 온 이스라엘을 다 하나님께로 나아오게 하셨습니다.

아간은 하나님께 모든 죄를 자복했고, 하나님의 심판이 공의로우심을 고백했으며, 그로 인해 하나님이 영광을 받으셨습니다. 성령이 이끄시는 회개를 하면 일어나는 일들입니다. 내 모든 죄를 하나님께 자복하고, 하나님의 심판이 공의로우심을 고백하고, 그로 인해 하나님이 영광을 받으십니다. 아간은 자신의 죄를 설명하면서 "내가 보고, 탐이 나서, 가졌습니다"라고 고백했습니다(수 7:21 참고). 이 동사들은 하와가 에덴동산에서 선악을 알게 하는 나무의 열매를 보고, 탐스럽게 여겨, 따 먹은 것과 같은 동사들입니다(창 3:6). 아담 이래로 인류는 탐심으로 범죄하는 자들입니다.

그리고 이스라엘 백성은 모두 함께 아골 골짜기로 올라갔습니다. 아골 골짜기로 올라간다는 말은 지리적인 위치도 그렇지만 제사를 위해 제물을 단 위로 올리는 행동을 묘사하는 것입니다. 아간과 그의 모든 소유를 하나님께 속죄제로 드리기 위해 올라간 것과 같습니다. '아골'은 '고통' 또는 '괴로움'이라는 뜻입니다. 그래서 여호수아는 이렇게 말했습니다.

수7:25-26 여호수아가 이르되 네가 어찌하여 우리를 괴롭게 하였느냐 여호와께서 오늘 너를 괴롭게 하시리라 하니 온 이스라엘이 그를 돌로 치고 물건들도 돌로 치고 불사르고 그 위에 돌무더기를 크게 쌓았더니 오늘까지 있더라 여호와께서 그의 맹렬한 진노를 그치시니 그러므로 그곳 이름을 오늘까지 아골 골짜기라 부르더라 죄의 값은 사망입니다. 죄는 값을 치러야 합니다. 아간과 그 가족까지 다 죽인 것은 너무한 것 같나요? 죄를 지었으면 이렇게 값을 치러야 합니다. 우리의 죄도 그렇습니다. 그래서 범죄한 우리를 위해 그 제사 그대로, 어린양 예수님이 우리 죄를 전가받아 제물 되어 죽으셨습니다. 내 죄를 위해 도살할 양같이 여김을 받아 죽으셨습니다. 하나님은 타락한 이스라엘 백성에게 호세아 선지자를 통해 다음과 같이 약속하셨습니다.

호 2:15 아골 골짜기로 소망의 문을 삼아 주리니

하나님은 수치스러운 심판의 장소가 소망의 장소가 될 것이라고 말씀하셨습니다. "소망"이라는 단어는 히브리어로 '티크와'인데, 이는 '끈, 띠, 줄'이라는 단어와 동음이의어입니다. 출애굽 후 이 단어가 쓰인 곳이 한 군데 있습니다. 라합은 정탐꾼들을 숨겨 준 대가로 구원받기 위해 창문에 "붉은 줄"을 맸습니다. 여기서 "줄"이 "소망"과 같은 단어입니다. 붉은 줄을 창문에 매단 라합을 구원한 것처럼, 아골 골짜기의 이스라엘을 하나님이 구원하시겠다는 암시입니다.

우리에게 있는 '문제'는 구원이 필요하다는 사인입니다. 붉은 줄을 매단 라합의 집만 구원을 받았습니다. 오랫동안 기도 제목이 이루어지지 않아 더 이상 기도 부탁을 하기가 수치스러운가요? 그러나 "우리 가정에 구원이 필요합니다. 내 자녀에게 구원이 필요합니다" 하며 줄을 매달 때 하나님이 소망의 문을 여십니다. 구원해 주십니다.

우리에게도 하나님 앞에 얼굴을 땅에 대고 저녁까지 엎드릴 일들이 있습니다. 그럼에도 그렇게 하지 않았기에 오늘날 실패 가운데 그대로 낙심하고 좌절하고 있는 것입니다. 하나님과 관계를 회복하기를 원합니다. 아골 골짜기가 소망의 문이 될 것이라는 하나님의 음성을 들을 때까지 성령이 우리의 회개를 이끌어 주시기를 간구합니다.

9장

예수님이 내게 오심이 진짜 응답이다

저는 모태신앙인으로 교회 안에서 자랐고, 당연히 나는 하나님의 자녀라고 생각했습니다. 그런데 제가 회심한 이후 가장 충격받았던 말이 있는데, 어느 예언하시는 분에게서 들은 말입니다. 그분이 기도하시면서 "너는 사랑받는 딸이다. 노예가 아니다" 하신 것입니다. 그기도를 들으면서 '나는 하나님 앞에서 한 번도 노예라는 생각을 해 본적이 없어요. 잘못 알고 계시네요'라고 속으로 중얼거렸습니다.

그런데 그 말이 잊히지 않으면서 '과연 나는 하나님의 사랑받는 딸로 살고 있나, 종으로 살고 있나?' 하고 계속 질문하게 되었고, 결국 종으로 살고 있다고 결론 내리게 되었습니다. 교회와 성도들에게 인정받아서 겉으로는 믿음 좋은 모습이지만, 내면을 들여다보면 늘 불안했고 두려웠고 낙심했고, 결정적인 상황에서는 하나님을 신뢰하지 못하는 나 자신을 직면하게 되었습니다.

여호와의 말씀으로 가능한 일

저는 종이 아니라 하나님의 딸이라는 본래의 모습으로 회복되기를 원했습니다. 그런데 어떻게 해야 내면이 변화될지 알지 못했고, 그때 열왕기 말씀을 보게 되었습니다. 열왕기하 2장에서 엘리사에게 여리고 사람들이 나아와서 말하는 장면이었습니다.

왕하 2:19 그 성읍 사람들이 엘리사에게 말하되 우리 주인께서 보시는 바와 같이 이 성읍의 위치는 좋으나 물이 나쁘므로 토산이 익지 못하고 떨어지나이다

'여리고'는 '향기로운 곳'이란 뜻입니다. '종려나무의 성'이라고 불릴 정도로 비옥한, 요단 계곡에 있는 오아시스입니다. 와디 입구에 있어서 그 계곡 바닥에서 샘이 솟아나 그 지역에 물을 충분히 공급해 주었습니다. 그래서 여리고 땅은 역사적으로 기름진 토질로서 심는 것마다 안되는 작물이 없는 비옥한 곳이었습니다.

그런데 언젠가부터 토산이 익지 못하고 떨어지는 현상이 발생했습니다. "토산"은 '그 땅'이라는 의미입니다. 그 땅에 소산이 없다는 뜻뿐만 아니라 더 나아가서 그 땅에 사는 여인들이 유산한다는 의미도 있었습니다. 이것은 물이 좋지 못해서 일어나는 현상이었습니다. 이를 보며 '비옥한 본래의 모습대로 살지 못하는 여리고가 나의 모습이구나' 하고 깨닫게 되었습니다.

그때 엘리사가 어떤 행동을 했습니다.

왕하 2:20-22 엘리사가 이르되 새 그릇에 소금을 담아 내게로 가져오라 하매 곧 가져온지라 엘리사가 물 근원으로 나아가서 소금을 그 가운데에 던지며 이르되 여호와의 말씀이 내가 이 물을 고쳤으니 이로부터 다시는 죽음이나 열매 맺지 못함이 없을지니라 하셨느니라 하니 그 물이 엘리사가 한 말과 같이 고쳐져서 오늘에 이르렀더라

엘리사는 새 그릇에 소금을 담아 오라고 했습니다. "새 그릇", "소금"은 다 상징입니다. '소금'은 변치 않는 언약, 말씀을 상징합니다. 여리고 물이 왜 좋지 못했을까요? 최근 여리고 남쪽 유다 광야에 대한 지질학적 탐사와 수질 탐사를 통해 그 이유가 밝혀졌습니다. 이 지역의 일부 샘들이 방사능 지질층과 접촉되어 있어 방사능에 노출된 것으로 확인되었습니다. 이것이 불임의 원인이 된다는 과학적 실험 결과가 나왔고, 동식물에게도 동일한 영향을 미치는 것으로 입증되었습니다. 방사능에 오염된 물이 새 그릇에 담긴 소금을 뿌린다고 바뀔 리가 없습니다.

여기서 중요한 것은 여호와의 말씀, 진리입니다. 여호와께서는 "내가 고쳤다"고 말씀하셨습니다. 여리고의 물이 고쳐진 이유는 여호와의 능력 때문입니다. "이로부터 다시는 죽음이나 열매 맺지 못함이 없을지니라"라는 여호와의 말씀 그대로 되었습니다. 하나님은 본래의 상태로 회복시키시고 잘못된 것을 바로잡아 주셨습니다.

'내가 여리고의 상태와 똑같구나' 하고 느끼며 묵상하다 보니 하나님이 나에 대해 뭐라고 말씀하시는가를 듣는 것과 그 진리를 믿는 것만이 나를 변화시킨다는 사실을 알게 되었습니다. 하나님이 나에게 무슨 말씀을 하시는지 그 진리를 들을 때, 내가 누구로 살 것인가를 선택하게 됩니다. '하나님이 나를 어떻게 생각하시는가'에 대한 진리를 듣고, 그 진리를 믿는 것이 나를 변화시켰습니다. 이제 나는 종이 아니라 사랑받는 딸인 것을 확신합니다. 날마다 하나님이 그렇게 말씀해 주시기 때문입니다.

내면이 변화되는 것은 내가 어떤 존재인지를 아는 데서 시작됩니다. 어떤 상황에서도 하나님의 말씀은 진리입니다. 말씀은 사람의 진정한 모습을 드러냅니다. 하나님이 처음부터 계획하셨던 목적을 가르쳐 줍니다. 내 본질이 변화되는 것도 여호와의 능력이요, 여호와의 말씀으로 가능한 일입니다. 하나님의 말씀으로만 내면이 종에서 자녀로 변화될 수 있습니다. 그래야 본래의 상태로 회복되고 잘못된 것이 바로잡힙니다.

우리 가정은 어떤가요? 겉보기에는 좋지만 물이 좋지 않아서 사람도 열매 맺지 못하고, 경제도 열매 맺지 못하고, 직장도 사업도 열매 맺지 못합니까? 하나님은 우리가 겨우겨우 살아남는 것이 아니라 진리대로 살기를 원하십니다. 나의 상황은 열매 맺지 못하는데 하나님이 말씀하시는 "내가 고쳤다"라는 진리를 믿기로 선택합니까?

구원은 하나님 나라의 입구입니다. 하나님은 우리가 구원에서 멈추기를 바라지 않으십니다. 우리가 하나님 나라 안으로 들어가기를 바라십니다. 그렇게 하나님 나라 안으로 들어가서 왕의 사녀로서 이 땅을 다스리며 살기를 원하십니다. 토산이 익지 못하고 떨어지게 하는 물 근원으로 나아가서 진리를 선포합시다. "여호와께서는 물을 고쳐 주기 원하신다. 다시는 죽음이나 열매 맺지 못하는 일이 없기를 원하신다. 그것이 원래 모습이다!" 진리를 선포하는 기도 소리가 우리 가정에서도 들리기 원합니다.

무슨 문제로 불쌍히 여겨 달라 기도하는가

기도와 응답 중간사를 지나며 어려운 일을 당해 나를 불쌍히 여겨 달라고 하나님께 기도할 때가 있습니다. 문제를 해결해 달라고 긍휼을 구하지만, 예수님은 그 문제를 통해 우리에게 진정 필요한 것이 무엇인지를 알려 주기 원하십니다. 그 예수님을 만날 때 내 현실을 이해하고 하나님께 영광을 돌리며 찬양할 수 있습니다.

예수님은 나인성 가까이에 가셨을 때 장례 행렬을 마주치셨습니다.

눅 7:12 성문에 가까이 이르실 때에 사람들이 한 죽은 자를 메고 나오니 이는 한 어머니의 독자요 그의 어머니는 과부라 그 성의 많은 사람도 그와 함께 나오거늘

원문대로 직역하면 "성문 가까이에 이르셨을 바로 그때에!"로, 예수님과 과부의 만남이 아주 극적으로 묘사되어 있습니다. '바로 그때'는 마치 우연처럼 보이지만 온 우주를 다스리시는 하나님의 계획 속에서 이루어진 은혜로운 사건입니다. 나인성은 오늘날 '네인'이라는 주민 약 200명이 거주하는 소읍입니다.

마을로 들어가시던 중 예수님은 마을 밖으로 나오고 있는 장례 행렬과 맞닥뜨리셨습니다. 중동 지역 작은 마을에서 초상은 주민 모두에게 영향을 미칩니다. 유대인의 장례 관습을 보면, 시신이 부패하면서 나는 냄새를 없애기 위해 향료와 송진에 긴 세마포를 담갔다가, 그 세마포로 시신을 머리부터 발끝까지 감쌌습니다. 고인의 친구들은 세마포로 칭칭 감은 시신을 들것에 얹고 가족의 묘지로 사용하는 동굴로 운구했습니다.

누가는 그 상황이 얼마나 절망적이고 참담한지를 전달하기 위해 죽은 이를 과부의 외아들이라고 밝혔습니다. '과부'라는 헬라어는 '버림받았다'는 뜻입니다. 결핍을 나타내는 단어에서 나왔습니다. 남편을 잃은 여인이 아들까지 죽었습니다. 그녀에게 닥칠 미래는 암울했습니다. 주께서 그 여인을 보고 불쌍히 여기며 "울지 마라" 말씀하셨습니다.

눅 7:13 주께서 과부를 보시고 불쌍히 여기사 울지 말라 하시고

주님이 불쌍히 여기며 말씀하셨으니까 부드럽게 "울지 마라~" 하셨을 것 같지만, 원어로 보면 강한 명령문입니다. "그만 울어라!" 하고 명령하신 것입니다. "울 필요 없다!"고 말씀하신 것과 같습니다. 이 말씀은 슬퍼하거나 절망할 필요가 없다는 뜻입니다.

"불쌍히 여기사"라는 말은 창자까지 뒤틀리는 것을 의미합니다. 예수님은 울지 않아도 될 일로 우는 것을 불쌍히 여기셨습니다. 모두가 여인의 처지를 불쌍히 여겼지만 예수님의 생각은 달랐습니다. 그런 주님은 다가가 관을 만지셨습니다. 관을 메고 가던 사람들이 멈춰서자 예수님이 말씀하셨습니다.

눅 7:14하 우리말성경 **청년아, 내가 네게 말한다. 일어나거라!**

이미 죽었던 자에게까지도 생명의 주가 되시는 예수님의 말씀이 능력을 발휘했습니다. 죽은 사람이 일어나 앉아 말하기 시작했습니다. 예수님은 그를 그의 어머니에게 주셨습니다.

눅 7:15 **죽었던 자가 일어나 앉고 말도 하거늘 예수께서 그를 어머니에게 주시니**

"일어나 앉고"라는 단어는 의사인 누가만 사용한 독특한 의학 용어입니다. 이전에 병으로 정상적인 생활을 하지 못했던 사람이 일어났음을 표현합니다. 우리도 "병석에서 일어났다"고 말하지 않습니까. 죽었던 자가 말했다는 것은 의식이 완전히 돌아와서 회복되었음을 분명히 보여 줍니다.

"주셨다"는 단어는 사람을 목적어로 하는 예가 드뭅니다. 일반적으로 사물이나 추상적 개념을 주는 것을 뜻합니다. 예를 들어, "성령을 값없이 주셨다"고 할 때 쓰였습니다. 따라서 예수님이 죽음으로 완전히 잃어버린 아들을 그의 어머니에게 새로운 선물과 같이 주신 것입니다. 값없이 은혜로 주셨습니다. 예수님이 과부를 불쌍히 여기신 이유는 그녀가 값없이 은혜로 받은 것을 의지하고 끌어안으며 살았기 때문입니다. 아들을 잃은 과부가 이 사실을 깨닫기는 어렵습니다. 문제가 어렵고 두려운 상황일수록 우리는 자신에게 무엇이 필요한지 알지 못합니다. 그래서 주님은 무엇이 필요한지 알지 못하는 여인을 불쌍히 여기시고 다시 한 번 아들을 돌려보내 주셨습니다.

주님은 과부가 아들을 하나님 같은 존재로 여기며 살지 않고 그가 하나님이 값없이 주신 은혜임을 알기 원하셨습니다. 남편 그리고 아들이 없을 때 세상이 끝이라고 여기는 것을 불쌍히 여기셨습니다. 하나님이 불쌍히 여기시는 자녀는 끝이 다릅니다. 다시 일으켜 돌려보내실 때 비로소 우리는 그동안 값없이 주신 것들을 생명처럼 끌어안고 살았음을 알게 됩니다. 내가 끌어안을 생명은 주님이심을 알게 됩니다.

우리는 문제가 있을 때 그 문제를 주님께 가져옵니다. 이것이 해결되어야 내가 불쌍한 자가 되지 않을 것이라 생각합니다. 다시 하나님을 찾지 않아도 되기를 원합니다. 우리가 생각하는 불쌍하지 않은 상태는 내 문제가 해결되어 하나님을 찾지 않아도 되는 상태입니다. 그러나 예수님은 하나님을 찾지 않아도 되는 상태를 불쌍히 여기십니다. 과부는 무엇을 기뻐해야 하나요? 아들이 살아난 것만 기뻐하고 또다시 예전처럼 아들을 생명줄로 여기고 산다면 다시 불쌍한 상태가 되는 것입니다.

우리는 집이나 건물을 사면 너무도 기쁩니다. 그래서 어떤 이들은 집을 사지 못하는 형편을 불쌍히 여겨 달라고 하나님께 기도합니다. 그런데 성경을 보면, 어떤 사람은 자기가 산 밭을 둘러보는 기쁨 때문에 하나님 나라 잔치 초청을 거절합니다. 하나님 나라에 참여하는 것보다 밭을 산 것이 더 큰 기쁨을 주기에 거절했습니다. 이런 이유로 예수님은 우리가 집을 산 것을 불쌍히 여기실 수 있습니다. 우리와 너무도 다른 예수님의 생각입니다.

예수님은 예수님이 우선순위가 되시게 하기 위해 세상 것을 포기해야 한다고 말씀하셨습니다. 그 대가를 계산하고 제자가 되라고 하셨습니다. 그런데 우리는 예수님의 달콤한 말에 속아서 따르게 된 것처럼, 어려운 일만 생기면 주님을 원망합니다. 예수님을 따를 때 걱정에서 해방될 것을 기대한 사람처럼, "왜 이런 일이 일어나야 합니까?" 하며 이해하지 못합니다. 고난당하는 시간을 빨리 끝내 달라고 불평합니다. 예수님을 따르면서 실은 평안과 안정만이 있기를 원합니다. 생각지도 않은 일에 부르심을 받으면 가족 때문에, 재정 때문에, 일 때문에, 건강 때문에 주저합니다.

지금 무슨 문제로 나를 불쌍히 여겨 달라고 기도하나요? 그 문제가 해결되어 다시는 하나님 앞에 나와 그런 기도를 드리지 않게 되기를 원하나요? 과부는 죽었던 아들이 일어난 것으로 기뻐할 것이 아니라 그 문제로 인해 예수님이 내 삶에 오신 것을 기뻐하고 하나님이 자기를 방문하셨다는 사실을 찬양해야 했습니다.

절망의 행렬 가운데 예수님이 걸어오신다

누가복음 18장에는 자기를 불쌍히 여겨 달라고 미친 듯이 외친 사람이 나옵니다. 바로 맹인 바디매오입니다. 예수님이 여리고에 가까이 이르셨을 때입니다. 여리고는 예루살렘에서 32km 정도 떨어진 도시로, 예루살렘 여행의 마지막 지점이었습니다. 예루살렘-여리고 구간은 고도가 900m나 되는 높고 험한 길이었고, 갈릴리에서 오는 순례자들은 그 길을 이용했습니다. 그래서 유월절 전 몇 주 동안 거지 맹인 바디매오는 성전으로 올라가는 수만 명의 사람들에게 계속 필요한 것들을 요구하고 있었습니다. 그때 한 무리가 지나가는데 보통 군중과 다르다고 느낀 그는 무슨 일인가 물었습니다. 사람들이 나사렛 예수가 지나가신다는 말을 해 주자 그는 크게 외쳤습니다. "다윗의 자손 예수여, 저를 불쌍히 여겨 주십시오!"

여기서 "불쌍히 여겨 주십시오"의 헬라어는 구약의 히브리어 '헤세드'를 번역한 것입니다. '헤세드'는 인간의 불행에 대한 하나님의 사랑을 구할 때 사용하는 단어입니다. 인간 세상의 고통에 대한 신적 자비를 구할 때 사용되었습니다. 바디매오는 예수가 메시아이심을 인정하고 그분의 자비를 구했습니다. 사람들이 그를 꾸짖으며 조용히 하라고 하자 그는 더욱더 큰 소리로 "다윗의 자손이여, 저를 불쌍히 여겨 주십시오!"라고 외쳤습니다.

그러자 예수님은 가던 길을 멈추고 "그 사람을 데려오라"고 명령하셨습니다. 예수님이 가던 길을 멈춘 것은 자기를 불쌍히 여겨 달라고 미친 듯이 외치는 바디매오의 소리에 창자가 뒤틀리듯 불쌍히 여기는 마음이 드셨기 때문입니다. 예수님은 "내가 네게 무엇을 해 주기를 원하느냐?"라고 물으셨고, 그는 "주여, 다시 보고 싶습니다"라고 말했습니다.

예수님은 그가 자기 자신에게 진정으로 필요한 것을 인식하고 있는지 알고 싶으셨습니다. 바디매오는 자신이 처한 비참한 현실의 원인이 앞을 볼 수 없는 것에 있음을 바로 인식하고 있었습니다. 원문에는 "다시 볼 수 있기를!"까지만 있습니다. "싶습니다, 원하나이다"라는 동사가 생략되었습니다. 그만큼 자기 소원을 말하는 것이 급하고 절박했기 때문입니다. 그가 다시 볼 수 있기를 원했다는 것은 전에는 맹인이 아니었다는 말입니다. 그는 돈이나 양식 같은 일시적인 문제 해결이 아닌 근본적인 문제 해결만이 자신을 행복하게 할 수 있음을 알았습니다.

'보다'는 '눈을 밝히다, 태를 열다' 등 인간은 할 수 없고 하나님만 하실 수 있는 신적 행위를 묘사하는 데 사용하는 단어입니다. 하나님만이 하실 수 있는 초자연적인 역사를 그는 원했습니다. 예수님은 하나님의 능력만이 고칠 수 있다는 그의 믿음을 보셨습니다.

눅18:42 예수께서 그에게 이르시되 보라 네 믿음이 너를 구원하였느니라 하시매

예수님이 "네 믿음"이라고 표현하신 것은 사람들이 그를 꾸짖었음에도 굴하지 않고 더욱 크게 소리 질러 자기를 불쌍히 여겨 달라고, 헤세드를 구했기 때문입니다. 불쌍히 여김 받은 결과 바디매오는 보게 되었고, 하나님께 영광을 돌리며 예수를 따르게 되었으며, 사람들은 하나님을 찬양했습니다.

우리는 문제에 갇혀 하나님이 이 모든 일을 보고 주관하고 계시다는 사실을 모릅니다. 주님은 이러한 우리를 진정 불쌍히 여기십니다. 주님은 문제를 해결해 주면 예전으로 돌아가 똑같이 살 것을 불쌍히 여기십니다. 그러나 예수님을 만난 사람은 내게 무엇이 필요한지 알게 됩니다. 예수님이 내게 오신 것, 하나님이 나를 방문하신 것이 내가 붙들 일임을 알게 됩니다.

우리 삶에는 날마다 절망 행렬이 줄줄이 이어집니다. 이 문제, 저 문제 등 긴 절망 행렬이 이어지고 있습니다. 기도와 응답 중간 시간에도 절망 행렬은 계속됩니다. 기도할 때마다, 눈물범벅이 되어 절망 행렬을 따를 때마다 이 행렬을 마주하고 들어오시는 예수님을 상상합니다. 바로 그때 들어오실 예수님! 자녀의 고통을 그냥 지나치지 않으시는 아버지의 긍휼하심! 바로 그 광경을 떠올립니다. 그분은 창자가 뒤틀릴 정도로 나를 불쌍히 여기십니다. 나의 고통에 공감해 주십니다.

그러나 무엇을 불쌍히 여기시는지는 나와 생각이 다르십니다. 이 절망스런 상황이 속히 끝나기를 기대하는 나와 생각이 다르십니다. 우리는 여전히 나를 불쌍히 여겨 달라는 기도를 자주 드립니다. "아들이 직장에서 어려움을 당하고 있습니다. 불쌍히 여겨 주세요"라고 기도합니다. 직장에서 어려움을 당하는 것이 불쌍한 일이 아닙니다. 그 문제로 하나님 앞에 나아가지 못하는 것이 불쌍한 것입니다. "딸이 결혼생활에 어려움이 있는 것을 불쌍히 여겨 주세요"라고 우리는 기도합니다. 그리고 그 어려움이 해결되어 더 이상 하나님 없어도 되는 상태를 구합니다. 우리의 기도를 들어 보면 하나님을 더 이상 찾아오지 않아도 되게 해 달라는 것 같습니다. 하나님이 필요하지 않은 상태가 되게 해 달라고 간구하는 것 같습니다.

우리의 삶에 오늘은 이 문제, 내일은 또 다른 문제가 연속으로 이어집니다. 최근에 어떤 제목으로 기도드리며 하나님께 불쌍히 여겨 주시기를 간구했는지 생각해 보십시오. 그 슬픔과 좌절과 괴로움과 분노 속에, 바로 그때! 예수님이 그 가운데 오시는 것을 보아야 합니다. 나의 생각과 예수님의 생각이 일치할 때 진정 하나님이 불쌍히 여기사 나를 방문하셨음을 알게 되어 하나님을 찬양하게 될 것입니다.

3
PART

작정된 때에
반드시 응하신다

10장

말씀으로 하나님의 계획에 순복하게 하신다

하나님이 하시는 말씀을 듣다 보면 하나님은 어떤 분이신지 알아가게 됩니다. 하나님을 알게 되면 하나님께 계획이 있다는 믿음이 생겨 기도와 응답 중간 시간을 견딜 수 있습니다. 그 시간 동안 하나님은 나를 바꾸십니다.

하나님을 찬양할 때 보호를 받는다

하나님의 계획을 알아도 응답받기까지 어떤 태도로 살아가야 할까요? 내 힘으로 뚫고 나갈 수 없는 상황 앞에 어떤 기도를 드려야 할까요?

사 60:18 **다시는 강포한 일이 네 땅에 들리지 않을 것이요 황폐와 파멸이**

네 국경 안에 다시 없을 것이며 네가 네 성벽을 구원이라, 네 성문을 찬송이라 부를 것이라

고대에 대부분의 사람들은 성안에 거주했습니다. 그래서 사람들을 지키는 첫 번째 방어선은 성벽이었습니다. 하나님의 구원은 하나님의 백성에게 완전한 방어책입니다. 구원받았다는 것은 성벽으로 둘러싸여 보호받는 것과 같습니다. 강력한 성벽에서 가장 취약한 부분은 문입니다. 그래서 고대 전쟁 영화를 보면 성을 공략할 때 문부터 부수는 것을 볼 수 있습니다. 가장 취약한 부분이 가장 많은 공격을 받습니다. "성문을 찬송이라 부를 것"은 원수의 공격을 받을 때도 하나님을 신뢰하고, 하나님을 자랑하고, 구원받았음을 찬송하면 그것이 문이 된다는 의미입니다. 문이 있어야 성벽이 완성되듯 우리가 날마다 하나님이 하시는 일을 보고 하나님을 높여 드릴 때 온전한 구원을 이루어 갑니다.

구원은 하나님이 우리에게 주시고, 찬송은 우리가 주님께 드리는 것입니다. 찬송은 구원하신 하나님을 자랑하고 하나님이 베푸신 구원을 알리는 것입니다. 구원받은 성도들은 여호와를 찬양하며 출입합니다. 내 삶에 이해되지 않는 일이 있어도, 가뭄이 계속되어도 구원은 흔들리지 않습니다. 내 개인 상황이 구원을 바꾸지 못합니다.

그러나 문이 없다면 우리는 원수의 공격 앞에 속수무책입니다. 문을 세우는 기본 목적은 성안으로 원수가 침투해 들어오는 것을 막는 데 있습니다. 문을 지켜야 부정한 것과 더러운 것을 성안으로 들이지

않을 수 있습니다. 큰 상실과 어려움 가운데서 불평하지 않고 부정적인 말을 하지 않으며 "하나님, 높임을 받으소서. 하나님의 하나님 되심을 나타내소서" 하며 하나님을 찬양하게 됩니다. 이것이 문이 있는 성벽 안에서 보호받는 것입니다.

시편 22편 3절에서 시편 기자는 "이스라엘의 찬송 중에 계시는 주"라고 고백했습니다. 하나님은 우리의 찬송 가운데 거하십니다. 찬송은 하나님이 거하시는 보좌입니다. 하나님이 보좌에 앉으셨다는 것은 다스리신다는 뜻입니다. 우리가 하나님을 찬송할 때 하나님이 좌정하셔서 그곳을 다스리십니다. 찬송은 하나님이 우리를 구원하신 결과로 받으시는 보답입니다. 주님이 나와 나의 가정과 사역과 교회를 위해 위대한 일을 행하셨으니 그에 합당한 영광과 존귀를 하나님께 올려 드리는 것입니다. 그러므로 찬송은 오직 하나님을 위한 것입니다.

찬송을 드릴 때 우리의 마음은 오직 하나님의 임재만을 갈망하게 됩니다. 찬송은 우리의 관심이 오직 하나님께만 집중되도록 도와줍니다. 그래서 찬송은 하나님을 영화롭게 합니다. 찬송할 때 하나님의 강력한 임재가 임하여 하나님이 그곳을 다스리십니다. 고난 가운데서도 하나님을 신뢰하고 하나님의 다스리심을 받는 것이 출입을 지키는 문이 되어 내 삶에 아무나 드나들 수 없게 해 줍니다. 그럴 때 하나님 한 분만이 내 안에 거하시며 나를 다스리시는 견고한 성이 됩니다.

기도할 때 막힌 담이 헐리고 문이 열린다

오랜 시간 기도해도 하나님께 돌아오지 않는 가족을 보며 낙심할 수 있습니다. 그 기도와 응답 중간사를 지나며 하나님은 우리가 말씀으로 하나님의 계획에 순복하게 하십니다.

롬 4:17-18 기록된 바 내가 너를 많은 민족의 조상으로 세웠다 하심과 같으니 그가 믿은 바 하나님은 죽은 자를 살리시며 없는 것을 있는 것으로 부르시는 이시니라 아브라함이 바랄 수 없는 중에 바라고 믿었으니 이는 네 후손이 이 같으리라 하신 말씀대로 많은 민족의 조상이 되게 하려 하심이라

우리는 죽은 사람을 살리시며 없는 것을 있는 것으로 부르시는 하나님을 믿습니다. 소망이 없는 가운데서도 소망을 갖고 믿어야 합니다.

성경에 자기 딸을 위해 예수님께 나온 여인이 있습니다.

마 15:22-23 가나안 여자 하나가 그 지경에서 나와서 소리 질러 이르되 주 다윗의 자손이여 나를 불쌍히 여기소서 내 딸이 흉악하게 귀신 들렸나이다 하되 예수는 한 말씀도 대답하지 아니하시니 제자들이 와서 청하여 말하되 그 여자가 우리 뒤에서 소리를 지르오니 그를 보내소서

제자들은 예수님께 여인을 돌려보내시라고 말하고, 예수님까지도 "나는 이스라엘 집의 잃어버린 양 외에는 다른 데로 보내심을 받지 아니하였노라"(마 15:24) 하며 거절하셨습니다. 여인은 예수님 앞에 무릎을 꿇고 절하며 "주여, 나를 도와주십시오!" 했지만 예수님은 두 번째로 거절하셨습니다. "자녀들의 빵을 가져다 개들에게 던져 주는 것은 옳지 않다."

여인은 시끄러우니 보내 버리라는 제자들의 조롱이 들려와도 계속 예수님을 따라가며 소리를 질렀습니다. "제 딸이 귀신 들려 몹시 괴로워하고 있습니다!" 그녀는 예수님이 두 번이나 거절하시는 것 같아도 무릎을 꿇고 말했습니다. "주여, 나를 도와주십시오!" 우리는 한두 번 거절당한 것 같은 기도, 응답이 없는 것 같은 기도는 지레 실망하고 낙담해서 멈춰 버립니다. 그러나 예수님의 나중 말씀을 보면 예수님은 여인의 믿음을 시험하신 것이었습니다.

마 15:27-28 여자가 이르되 주여 옳소이다마는 개들도 제 주인의 상에서 떨어지는 부스러기를 먹나이다 하니 이에 예수께서 대답하여 이르시되 여자여 네 믿음이 크도다 네 소원대로 되리라 하시니 그때로부터 그의 딸이 나으니라

마가복음 7장 29절에서는 "네가 그렇게 말했으니 어서 가 보아라. 귀신이 네 딸에게서 나갔다"(우리말성경)라고 말씀하셨습니다. "네가 그렇게 말했으니!" 우리는 주님 앞에서 어떤 말로 기도해야 합니까?

"네 믿음이 크도다"라는 말씀을 들을 수 있도록 믿음의 말을 해야 합니다. "네 소원대로"라는 말은 세상이 말하는 대로가 아닙니다. "네가 그렇게 말했으니", 즉 믿음의 말대로 된 것입니다.

기도와 응답 사이를 지나는 동안 하나님의 말씀을 듣지 않으면 다른 사람들의 말, 사탄이 하는 말, 환경이 하는 말을 듣게 됩니다. 하나님의 말씀을 듣는다는 것은 우리가 처한 상황에서 말씀이 앞서는 것을 보는 것입니다. 막힌 길 앞에 서 있는 자는 말씀을 달라고, 말씀이 들리게 해 달라고 기도해야 합니다.

선교사님들의 기도 제목 중에 가장 많은 부분이 비자 문제입니다. 저는 그 기도 요청을 들을 때마다 '왜 하나님은 선교지에 갔는데 비자를 안 내 주시는 거야. 그 나라에 있기 어렵게 하시면 어떡하라고. 그럼 선교를 못하는 거지'라고 생각했습니다. 선교지로 나간 딸 가족 역시 비자 문제가 있었습니다. 주위에서는 비자 만료 후에도 비자가 안 나오면 추방당할 수 있다고 했습니다. '선교지에 간 지가 언제라고 추방이라니….' 딸이 선교지에 가자마자 장벽을 만났을 때 제 입에서는 불평이 터져 나왔습니다.

그런데 딸과 사위가 기도할 때 하나님이 이렇게 물으시는 것 같았다고 합니다. "그래도 이 땅에서 예배하기를 그치지 않겠느냐?" 그래서 딸 부부는 예배하지 않는 땅에서 하나님의 이름을 높이는 예배자로서의 사명을 다하겠다고, 그 사명을 다할 수 있도록 비자를 달라고 기도했습니다.

그제야 저는 알게 됐습니다. 모든 선교지는 선교사를 거부합니다.

그 땅에서 토해 내려고 합니다. 그래서 선교사들이 다 비자 문제를 겪는 것입니다. 그런데 하나님은 그렇게 토해 내는 땅에서 "그래도 이 땅에서 계속 예배하겠습니다. 예배하고 싶습니다"라는 선교사의 고백을 받기 원하십니다. 장벽을 만났을 때 하나님이 앞서가시며 "그래도 이 땅에서 예배드리기를 그치지 않을래?" 하실 때 "네!" 하는 선교사에게 문을 열어 주십니다. 선교사를 거부하는 그 땅의 닫힌 문을 하나님이 열어 주시는 것입니다. 비자는 그 나라가 내주는 것이 아닙니다. 하나님이 내주시는 것입니다.

11장

나에게 가장 선한 것을 하나님 마음에 두신다

기도와 응답 사이에 하나님이 어떤 분이신지 알게 된 사람은 비록 순간순간 두렵고 낙심되어 눈물을 흘릴지라도 그 계획대로 이루실 하나님을 믿으며 찬양합니다.

기도와 응답 사이에
기도하는 사람으로 바뀌 가신다

기도와 응답 사이에 하나님의 침묵이 오래되면 믿음과 소망이 조금씩 희미해질 수 있습니다. 하나님의 선하심을 의심하게 되고, 하나님이 내게 관심이 있으신지도 의심합니다. 하나님은 우리 기도에 응답해 주기를 원하시지만, 또 우리가 하나님을 알게 되기를 바라십니다. 신구약 중간사에도 하나님은 침묵하신 것이 아니라 계획이 있으셨습니다. 나의 기도와 응답 중간사에도 하나님의 계획이 있습니다. 그리고 응답이 없는 그 시간에 하나님은 나를 기도의 사람으로 바꿔 가십니다.

응답이 없는 기간은 나에게서 불신앙적인 요소들을 분리시키는 시간입니다. '환난'이라는 도구를 사용하여 알맹이와 겨가 분리되듯 가르십니다. 고통이 있지만 그 속에서도 즐거워해야 하는 이유는 하나님이 나를 기도하는 사람으로 바꾸시기 때문입니다. 하나님의 계획과 하나님이 해 주신 말씀들이 기도의 언어가 됩니다.

외국어가 잘 들리려면 내 안에 외국어 단어들과 문장들이 쌓여야 합니다. 하나님의 음성이 잘 들리려면 내 안에 그분의 언어가 많이 쌓여 있어야 합니다. 그럴 때 하나님과 같은 언어로 소통하게 됩니다. 헬라어로 세계가 통일된 후 예수님이 오셨듯, 내게도 지금이 예수 오실 길이 닦이는 시간이라는 사실을 믿습니까?

기도와 응답 사이에 하나님은 나를 하나님이 하실 일을 기대하는 사람으로 바꿔 주십니다. 기도하는 사람으로 바꿔 가십니다. 기도하는 동안 우리는 계획대로 일하시는 하나님을 인식하게 됩니다. 그 하나님을 신뢰함으로 응답이 없는 시간을 하나님의 리듬에 맞춰 견딜 수 있습니다. 하나님이 가장 적절한 때를 준비하고 계심을 믿게 됩니다. 가장 완벽한 타이밍에 일을 이루시는 하나님이라는 믿음을 가지고 하나님의 지휘에 맞춰 하루하루 살게 됩니다.

저는 새해에 새해맞이로 하는 일이 하나 있습니다. 바로 새해 '비전의 말씀'을 받는 일입니다. 올해 무슨 일이 일어날지 우리는 알지 못합니다. 그러나 하나님은 우리에게 어떤 일이 일어날지 아시고, 우리를 어떻게 인도하실지 계획이 있으십니다. 그래서 매년 새해가 되면 저는 하나님 앞에서 기도하며 새해 비전의 말씀을 구합니다. 어느때는 하나님이 기도하는 자리에서 말씀이 생각나게 해 주시고, 설교를 듣거나 큐티를 하다가 비전의 말씀을 받기도 합니다. 그리고 12월이 되면 한 해 동안 하나님이 그 말씀을 어떻게 이루셨나를 점검합니다. 한 해 동안 말씀을 잊을 수 없게 하는 일들이 계속 생겼습니다. 해마다 반드시 간증이 있었습니다.

왜 '비전의 말씀'이라고 하나요? '비전'이란 앞으로 이룰 뚜렷한 그림을 말하는데, 하나님께는 이러한 비전이 있습니다. 내게 어떤 일이 일어났을 때 비전을 모르면 하나님이 보시는 대로 보지 못합니다. 그러면 나를 향한 하나님의 뜻을 알 수 없고, 나에게 일어나는 일들을 이해할 수 없습니다. 나를 향한 주님의 말씀을 모르면 예기치 않은 일이 발생할 때 절망할 수밖에 없습니다. '하나님도 어쩌실 수 없다'는 생각을 하게 됩니다. 그러나 말씀이 있으면 지금 하나님이 무슨 일을 하시는 중인지 알 수 있습니다.

우리는 일 년 동안 어떤 일들이 일어날지 알지 못하지만 주님은 아십니다. 그래서 많은 일이 터졌을 때 "아이고! 어떡해" 하는 것이 아니라 "하나님이 알고 계시는 문제야" 하고 비전의 말씀으로 돌아가야 합니다. 그때 하나님은 내가 어떻게 살아야 할지 알게 하시고, 있어야 할 자리에 있게 하십니다.

이렇게 하나님이 주시는 말씀에는 나의 생각을 뛰어넘는 지혜가 있습니다. 자연의 한계를 뛰어넘어 초자연적인 세계로 들어가게 합니다. 감당하지 못할 일 앞에서 말씀을 깨닫는 순간, 감당할 힘을 얻게 됩니다. 하나님밖에 의지할 데가 없습니까? 바른길을 가고 있는 것입니다. 그 길로 하나님이 인도하신 것입니다. 그런 사람은 말씀으로 삽니다. 말씀 없이는, 그 생명의 떡 없이는 죽습니다.

잠 27:7 배부른 자는 꿀이라도 싫어하고 주린 자에게는 쓴 것이라도 다니라

"배부른" 것과 "주린" 것은 굉장한 차이입니다. 내 삶에 하나님이 이루실 뚜렷한 그림이 큰 의미가 없다면 나는 배부른 사람입니다. 하나님 없이도 살 수 있다고 생각하는 자입니다. 그러다 예기치 않던 일을 당하면 어디로 가야 할지 알지 못합니다. 그러나 비전의 말씀을 받으면 목적지 없이 방랑하지 않습니다. 말씀과 다른 상황이 벌어져도 다시 말씀으로 돌아가 그곳에서부터 다시 시작합니다. 돌아갈 지점이 있는 것입니다. 세상에서 이해받지 못해도 버틸 수 있습니다. 내가 영접한 말씀, 내 안에 잉태된 말씀은 우리가 그분을 영접한 순간부터 이 땅에서 마지막 숨을 거두기까지 매 순간 우리의 삶을 책임져 줍니다.

말씀이 내게 이루어지기를 기도하게 된다

예수님의 모친 마리아는 아들을 낳을 것이라는 천사의 말을 듣고는 받아들이기가 힘들었습니다. 그래서 "처녀인 제게 어떻게 이런 일이 있겠습니까?"라고 질문했습니다. 이것은 날마다 우리가 하는 질문이기도 합니다. "어떻게 이런 일이 나에게…" 우리는 우리의 한계를 넘어서지 못합니다.

눅1:35 천사가 대답하여 이르되 성령이 네게 임하시고 지극히 높으신 이의 능력이 너를 덮으시리니 이러므로 나실 바 거룩한 이는 하나님의 아들이라 일컬어지리라

"덮으시리니"라는 단어는 구약에서 하나님 임재의 상징인 구름이 성막을 덮을 때도 사용되었습니다. 하나님이 창조의 능력으로 마리아에게 임하시고 역사하신다는 뜻입니다. 천사가 엘리사벳의 임신 소식을 전하며 "하나님의 모든 말씀은 능하지 못하심이 없느니라"(눅1:37)라고 할 때 마리아의 반응을 보십시오.

눅1:38 마리아가 이르되 주의 여종이오니 말씀대로 내게 이루어지이다 하매 천사가 떠나가니라

"하나님의 모든 말씀은 능하지 못하심이 없느니라"라는 말에 마

리아의 눈이 뜨였습니다. 시각이 확 변한 순간입니다. 영적인 도약이 순간적으로 일어났습니다. 복잡하던 머릿속이 단순해진 순간입니다. 말씀을 듣기 전과 완전히 다른 변화가 있었습니다. 말씀에 대해 감격과 깨달음이 온 것입니다. 그래서 마리아는 두려움 가운데서도 말씀을 받아들이게 되었습니다. 이렇게 하나님의 말씀이 깨달아지고 말씀에 동의하면서 그 말씀을 받아들이게 되는 순간이 있습니다.

우리도 말씀을 읽다가 큐티하다가 설교를 듣다가 책을 보다가 그런 순간을 만납니다. 마치 매직아이처럼, 성경은 그냥 기록된 말씀인데 갑자기 '아! 이런 뜻이구나' 하고 깨달음이 오는 때가 있습니다. 그런 말씀은 어떻게 만날 수 있나요? 그런 순간을 만나기 위해서는 매직아이를 들여다보듯, 날마다 말씀을 보고 듣는 시간을 가져야 합니다. 성령을 의지하며 그분을 만나기를 구하고 사모해야 합니다. 그럴 때 천사가 찾아오듯 성령이 임하십니다. 천사가 나타난 마리아의 하루처럼, 우리의 모든 날도 하나님께 속해 있습니다. 성령이 주시는 말씀은 매번 우리를 놀라게 합니다. 도저히 내게 이루어질 수 없을 것 같은 일을 말씀하십니다.

대개 우리는 환난 가운데서 하나님의 말씀을 받습니다. 말씀을 받을 때 자아가 깨어집니다. 나는 할 수 없음을 처절하게 깨닫습니다. 마리아도 그랬을 것입니다. 하나님께 순종하며 살기를 원했는데 막상 생각지도 못한 일을 만나니 "어떻게 이런 일이 나에게…" 하며 받아들이지 못했습니다. 두려움에 떨고, 많은 사람의 얼굴이 떠오르고, 세상의 평판을 생각하는 자신을 보게 되었을 것입니다. '하나님께 순종하면 내 인생은 완전 나락으로 떨어지는데 내가 감당할 수 있을까?' 등 여러 생각으로 머리가 복잡할 때 한 말씀이 들려왔습니다. "하나님의 모든 말씀은 능하지 못하심이 없느니라."

그 순간 상황이 확 변합니다. 하나님은 이 모든 일을 해결하실 수 있다는 믿음이 생깁니다. 하나님이 이루시면 가능하다는 믿음입니다. 그래서 주님을 따를 때 지불해야 하는 대가를 감당할 힘이 생깁니다. 감당 못할 것 같은 일 앞에서 그 고난을 넘어갈 힘을 얻습니다. 마리아는 한 번도 넘어서 본 적이 없는 '하나님'이 주어가 되시는 세상으로, 성령의 능력 안으로 하나님이 잡아끄실 때 이끌려 왔습니다. "말씀대로 내게 이루어지이다" 하며 예수를 받아들일 수 있었습니다.

아이를 잉태하는 것과 말씀을 잉태하는 것은 같습니다. 잉태하는 시간이 필요하고 때가 되면 생명을 낳습니다. 마리아가 말씀을 받아들이는 순간, 그녀의 존재 속에 새로운 생명이 들어오셨습니다. 우리에게도 성령이 어느 순간 들어오셨습니다. 없던 분이 들어오셔서 내 인생의 주인이 되셨습니다. 우리는 그분의 존재를 느낄 수 있습니다. 그분 덕분에 내 인생은 완전히 변했습니다. 내가 하나님을 존중히 여기면 하나님도 나를 존중히 여기십니다. 고통 가운데서도 하나님의 영광을 바라보는 성도는 하나님을 높입니다. 어떤 상황에서도 하나님 한 분만으로 만족할 때 그분이 영광을 받으십니다.

죽을 것 같을 때 진리를 들어야 삽니다. 죽어 있는 사람의 마음을 부활시키려면 말씀을 들려주어야 합니다. 말씀을 듣는 자리에 데려가야 합니다. 말씀을 듣는 기회가 없기 때문에 살아날 수가 없는 것입니다. 말씀이 찾아올 때 성령이 내 안에서 역사하십니다. 마리아는 결정적으로 엘리사벳의 임신 소식을 듣고 말씀을 받아들일 수 있었습니다. 그것이 바로 "하나님께는 불가능함이 없다"는 말씀의 실례가 되었습니다. 그래서 함께 말씀에 감격할 엘리사벳을 찾아갔습니다.

우리도 서로 비전의 말씀을 나눕시다. 마리아와 엘리사벳처럼 서로 잉태한 말씀으로 인해, 출산할 생명으로 인해 감격하며 축복해 줍시다. 그렇게 하나님이 한 해를 인도하실 것을 선포하고, 사이사이 하신 일을 나누고, 그해 마지막에 얼마나 풍성하게 행하셨는지 간증합시다. 우리가 그리할 때 그 영광을 하나님이 받으실 것입니다.

눅 1:47-48 내 마음이 하나님 내 구주를 기뻐하였음은 그의 여종의 비천함을 돌보셨음이라 보라 이제 후로는 만세에 나를 복이 있다 일컬으리로다

"이제 후로는"이란 단어는 어느 한 시점을 기준으로 해서 무엇인가가 새롭게 변화된 모습으로 시작되는 상태를 가리킵니다. 마리아 자신을 향한 하늘의 관점이 살아났습니다. 하나님이 마리아에게 행하신 일이 그녀의 정체성을 완전히 바꾸어 놓은 엄청난 전환점이 되었습니다.

마리아가 경험했던 그 시점, "이제 후로는"은 단지 그녀에게만 일어나는 일이 아닙니다. 그런 전환점은 모든 사람에게 필요합니다. 비천한 마리아가 예수 그리스도를 잉태한 바로 그 시점부터 하나님의 복된 자녀로 변화되었기 때문입니다. 비천하고 보잘것없는 한 여인은 모든 세대에 계속 이어질 것입니다. 실망과 좌절 가운데 있다 할지라도 주님이 임하시는 그 시점으로부터 우리도 완전히 새로운 전환점을 맞을 수 있습니다. 이런 전환이 날마다 우리 삶에 일어나기를 원합니다.

기도할 때 나의 상황이 아니라 하나님의 비전에서 시작하십시오. "하나님이 이런 말씀을 주셨다. 이 말씀이 지금 나의 상황에 대해 뭐라고 이야기하는가?" 하고 물으십시오. 하나님께 나의 상황을 아뢰기보다 거기서부터 출발하며 하나님이 가지신 계획과 목적이 이루어지기를 간구해야 할 것입니다.

마리아의 찬양은 보이는 것이 전부가 아니라고 말해 줍니다. 하나님은 세상의 가치와 기대를 완전히 뒤집는 분이십니다. 하나님 자신이 세상에 오셔서 교만한 자들과 권세자들과 부자들의 배척을 받으셨습니다. 그분은 비천한 자들을 높이시고 굶주린 자들을 배부르게하십니다. 하나님은 지금도 그 일을 계속하십니다. 마리아의 개인적기쁨과 찬양이 확대되어 이스라엘 민족에 대한 구원의 소망으로 나타났습니다.

하나님의 계획과 목적이 이루어지기를 기도하라

마리아의 노래는 거의 대부분 구약의 성구를 인용하고 있고, 한나의 노래와 유사한 점이 많습니다. 따라서 사무엘의 어머니 한나의 노래에 영향을 받았을 것이라 추측합니다. 한나는 아들이 없는 여인이었습니다. 남편 엘가나가 한나를 사랑했으나 한나는 아들이 없는 것 때문에 슬퍼하고 울고 먹지도 않았습니다. 브닌나가 계속 한나를 괴롭히고 업신여겼습니다. 엘리 제사장이 술 취한 줄 알 정도로 한나는 하나님 앞에 나아와 간절히 기도했지만 여호와께서 한나에게 자녀를 주시지 않았습니다(삼상 1:5 참고).

얼마 전 저도 한나와 같은 마음이 되었습니다. 약속의 말씀이 있고, 기도를 하고 있는데도 일이 연결되지 않는 아들을 생각할 때 '본인은 이 상황이 얼마나 답답할까? 그 마음이 어떨까?' 싶었습니다. 앞길을 열어 주실 수 있는데 열어 주지 않으시는 하나님이라는 생각이 들었습니다. 그래서 징징 우는 소리로 한나의 말 그대로 "나는 마음이 슬픈 여자입니다" 하고 기도를 시작했습니다.

그런데 기도하자마자 하나님이 즉시 말씀하시는 것처럼 느껴졌습니다. 한나가 울 때 엘가나가 했던 말, "내가 너에게 열 아들보다 낫지 아니하냐?"라는 음성이 너무 빨리 들려서 깜짝 놀랐습니다. 한나는 자신의 처지만 불쌍히 여겨 남편의 사랑을 귀하게 여기지 않고, 아들만 있게 해 달라며 슬퍼했습니다. 아들 없는 것만 불행해했습니다. 그녀는 남편의 사랑을 힘입어 브닌나를 이길 수 있었음에도 오히려 핍박을 받았습니다.

아들이 없어서 남편이 두 배로 사랑해 주어도 만족하지 못하는 한나가 저였습니다. 아들의 문제만 커서 다른 어떤 것도 위로가 되지 않는다고, 남편의 사랑도 소용없다고, 마음이 슬픈 여자라 운다며 기도하는 제게 그날 하나님은 남편이 없으면 아들도 없다는 말씀을 주셨습니다. "네게 어떤 것이 더 의미가 있니? 하나님이니, 아들의 미래니?" 사랑하는 하나님이 그것을 물으시는 것 같았습니다. "하나님이 계셔야 미래도 의미가 있습니다. 저를 사랑해 주시는 하나님이 계시니 슬픔을 거두겠습니다" 하고 고백할 수 있었습니다. 아들도 그것을 알기 원합니다. 하나님이 안 계시면 어떤 일도 의미가 없음을 알게 해 달라고 기도하고 있습니다.

그 무렵 우연히 어느 글을 읽었는데, 하나님의 응답이 없어 마음이 상한 여인에 대한 내용이었습니다. 읽다 보니 마치 하나님이 저에게 말씀하시는 것 같았습니다. "왜 나에게는 이렇게 힘든 일만 있습니까?" 하며 한탄하는 여인에게 하나님은 말씀하셨습니다. "나를 믿으렴. 너에게 가장 선한 것을 내 마음에 두고 있단다." 저는 그 글을 읽다가 통곡을 했습니다. "너무도 좋으신 아버지, 제 마음을 위로해 주시는군요. 네, 믿을게요. 아들에게 가장 선한 것을 마음에 두고 있다는 하나님의 말씀을 믿을래요." 하나님의 따뜻한 위로에 마음이 다 풀어진 날이었습니다.

하나님은 우리와 관계를 맺기 원하십니다. 또 어떤 일이 있든 없든, 하나님은 그 가운데서도 우리와 관계를 지속해 나가실 것입니다. 하나님이 주신 약속이 이루어지지 않는다고 멈추어서는 안 됩니다. 버렸던 약속을 다시 붙잡아야 합니다. 하나님이 찾아와 주시는 새로운 약속도 받아야 합니다. "말씀대로 내게 이루어지이다" 하고 말씀에 대한 신뢰를 드려야 합니다. 순종하기 어려운 말씀에도 "말씀대로 내게 이루어지이다" 하고 고백해야 합니다. 그렇게 말씀을 잉태하고 하나님의 생명을 출산해야 합니다. 세상의 방법을 따라가면서 하나님의 생명이 출산될 것이라고 생각하면 안 됩니다. 심은 대로 거두는 법입니다.

한 해가 시작될 때 하나님은 계획을 가지고 일하십니다. 하나님은 구원을 이루는 일을 행하십니다. 하나님이 하시는 일에 참여해서 구원을 이루려면 말씀과 반대되는 상황이 다가올 때 두려워하지 않아야 합니다. 혼란스러울 때 눌리지 말고, 말씀대로 하실 하나님을 기대해야 합니다. 나의 한계와 편견으로 하나님이 하실 일을 막지 말아야 합니다. 하나님이 내게 말씀하실 때 감격하며 말씀을 영접해야 합니다. 감격한다는 것은 잠자던 영혼이 깨어나는 것을 말합니다. 하나님이 내게 가장 선한 것을 마음에 두고 계심을 믿는 것입니다.

요12:24 내가 진실로 진실로 너희에게 이르노니 한 알의 밀이 땅에 떨어져 죽지 아니하면 한 알 그대로 있고 죽으면 많은 열매를 맺느니라

아직 이루어지지 않은 기도들은 그것으로 끝난 것이 아닙니다. 한 알의 밀로 아직 움트지 않은 채 싹 틀 날을 기다리고 있습니다. 수많은 씨앗이 뿌려져 있습니다. 매해 쌓이고 쌓여 움틀 때가 올 것입니다. 그 일을 기대하며 기도해야 합니다. 기도와 응답 중간 시간을 지나며 우리 가정에 어떤 열매가 보일지 기대합시다.

사막 지대에 '수퍼 블룸'(Super Bloom)이 있다는 말을 들어 본 적이 있나요? 사막은 바짝 마른 생명력 없는 땅이라 씨앗이 날아와도 뿌리를 내리지 못합니다. 씨앗이 사막의 마른 땅 틈에 떨어지면 죽어 있는 것 같습니다. 그런데 실은 죽은 것이 아닙니다. 이 씨앗은 십수 년 동안 휴면기에 들어갑니다. 그러다 어느 날 지진이나 홍수나 산불이 날 때 죽었던 것 같은 씨앗들이 깨어나는데 바로 그것이 수퍼 블룸입니다. 수퍼 블룸은 10년, 15년에 한 번 나타난다고 합니다. 사막에 순식간에 빨간색, 노란색, 초록색 등 온갖 색깔의 꽃들이 활짝 피어나는 장관이 연출됩니다.

우리의 기도도 마찬가지입니다. 기도 응답이 빨리 이루어지지 않을 때 우리는 그 기도를 더 이상 품지 않고 잊어버립니다. 그러나 기도는 반드시 응답됩니다. 기도를 들으시는 분이 계시기 때문입니다. 기도와 응답 중간 시간을 지나며 이루어질 것 같지 않은 환경이 계속될지라도, 때가 차매 어느 날 실제 수퍼 블룸의 역사가 일어나는 것을 보게 될 것입니다. 배우자를 위해, 자녀들을 위해 심은 말씀과 기도의 씨앗들이 죽지 않고 있음을 믿습니다. 하나님이 정하신 때에 하나님이 진동을 일으키셔서 그 씨앗들이 터져 결실할 것을 믿습니다. 그것을 소망하며 날마다 기도를 심으십시다.

힘든 시간을 보내고 있나요? 기대하십시오. 천사가 찾아와 마리아에게 하나님이 하실 일을 알려 주었듯, 성령이 임하사 말씀해 주실 것입니다. 누군가를 위해 기도하는 중인가요? 하나님은 소돔과 고모라를 멸하러 가시는 중에 "내가 하려는 것을 아브라함에게 숨기겠느냐"(창 18:17) 하며 그에게 알려 주셨습니다. 하나님이 우리에게도 말씀해 주실 것입니다. 하나님의 마음에 있는 그 사람을 향한 뜻을 알려 주실 것입니다. 그 하나님의 뜻이 이루어지도록 기도합시다.

생각해 보면 엘리사벳의 불임은 마리아의 수태를 기다린 것이었습니다. 예수 오실 길을 예비할 비전을 이루기 위해 하나님은 가장 선한 것을 마음에 두고 계셨습니다. 하나님은 구하는 사람에게 하나님의 마음에 계획하신 바를 나눠 주실 것입니다. 말씀을 주신 것은 새로운 계시를 주신 것입니다. 상황과 다른 말씀을 받고도 새 노래를 부른다는 것은 지금 우리 눈앞에 있는 상황 그대로 받아들이기를 거절한다는 뜻입니다. 지금 눈앞의 상황보다 말씀을 선택한다는 의미입니다. 억압하고 절망시키는 상황 속에서 희망의 새 노래를 부르는 것은 상황을 받아들이지 않겠다고 담대하게 선포하는 것입니다.

생각했던 대로 삶이 진행되지 않을 때 우리는 무엇을 말할 것입니까? 우리가 무엇을 말하느냐가 변화를 가져올 것이고, 무엇을 노래하느냐가 돌파를 가져올 것입니다. 우리 스스로 계속 기억나게 해야 합니다. 우리에게 어떤 상황이 발생할지라도 첫 반응이 나를 향한 하나님의 비전을 기억하는 반응이 되기를 원합니다.

지금은 보이지 않는 하나님의 비전을 받으십시오. 말씀은 반드시 성취됩니다. '하나님'이 주어이시기 때문입니다. 하나님은 땅의 기초가 세워지기 전부터 우리가 이 시대를 살아가도록 계획하셨습니다. 우리는 말씀을 통해 하나님과 함께 지금의 역사를 써 내려갑니다. 우리는 세상의 이야기를 믿는 것이 아니라 하나님을 믿습니다. 세상 법대로 사는 것이 아니라 우리를 향한 하나님의 뜻대로 삽시다. 우리는 세상 방식으로 살아가지 않을 것입니다. 하나님의 비전으로 살아가고, 구원 계획으로 살아가고, 하나님이 이루시는 말씀으로 살아갈 것입니다.

엘리사벳도, 마리아도 하나님 나라를 갈망하는 사람들이었습니다. 하나님의 말씀이 더 이상 들리지 않고 선지자들이 끊어졌을 때 이 여인들을 통해 신약이 시작되었습니다. 어느 누가 나이든 여인과 결혼하지 않은 여인을 통해 선지자와 메시아가 올 줄 상상했겠습니까. 하나님이 말씀을 이루시기를 서로 중보기도 하십시오. 하나님께는 불가능이 없음을 기억하고 엘리사벳이 마리아에게 증거가 되었듯이, 우리도 서로에게 하나님이 말씀을 이루시는 증거가 되기를 원합니다.

12장

하나님과 연합하는 마음을 주신다

마리아가 아들 예수를 키울 때 어려웠을까요, 쉬웠을까요? 마리아에게 예수는 내 아들이었을까요, 하나님의 아들이셨을까요? 언제까지 내 아들이었고 언제부터 하나님의 아들이셨을까요? 이는 예수님이 열두 살에 유월절을 지키러 예루살렘에 올라왔다가 일어난 사건으로 분명히 드러났습니다. 마리아는 일행 중에 예수가 있는 줄 알고 고향으로 돌아가다가 하룻길을 간 후에야 없다는 것을 알아차렸습니다. 예수를 찾으면서 예루살렘에 돌아간 마리아는 사흘 후에 성전에서 만났습니다.

눅 2:49-51 **예수께서 이르시되 어찌하여 나를 찾으셨나이까 내가 내 아버지 집에 있어야 될 줄을 알지 못하셨나이까 하시니 그 부모가 그가 하신 말씀을 깨닫지 못하더라 예수께서 함께 내려가사 나사렛에 이르러 순종하여 받드시더라 그 어머니는 이 모든 말을 마음에 두니라**

마리아는 예수의 말을 이해하지 못했습니다. 아버지는 요셉이고, 어머니는 마리아 자신인데 지금 예수님은 육신의 부모와 하늘 아버지를 구분하십니다. 마리아는 아들의 독특한 정체성을 알고는 있었습니다. 성령으로 잉태한 것을 마리아만큼 확실하게 아는 사람이 누가 있겠습니까. 그러나 예수를 내 아들로 키우면서 진정한 의미를 알지는 못했습니다. 나이 열두 살에 예수님은 자신의 정체성과 목적을 온전히 알고 계셨던 것입니다.

부모는 자녀의 위탁자일 뿐이다

아들의 정체성을 완전히 이해하지 못하고 염려와 분노로 마음이 복잡한 마리아가 할 수 있었던 일은 "이 모든 말을 마음에 두니라", 즉 예수의 말을 마음속에 간직하는 것뿐이었습니다. 마리아는 예수가 한 말을 깨닫지 못했으나 이해하려 애쓰지 않았습니다. 마치 큰 그림을 알지 못한 채 하나의 퍼즐 조각을 받은 것처럼 당황스러웠으나, 온전한 의미를 이해하게 될 것으로 생각하고 그저 퍼즐 조각 하나하나를 모아 놓았습니다.

우리도 자녀를 키우며 얼마나 가슴이 철렁하고 마음 졸이고 삶이 흔들립니까? 마리아가 살아간 힘은 무엇이었을까요? 예수가 자기에게 하는 말을 깨닫지 못하고 이해할 수 없어도 이 모든 말을 마음에 둔 것이 아니었을까요? 내가 낳아 기르고 있지만 내 아들이 아님을 가장 잘 안 어머니 마리아, 내 몸에 오셨으나 하나님의 아들이신 예수님을 키우는 마리아의 마음은 어땠을까요? 언제고 하나님이 부르시면 따라나설 아이였습니다. 마리아는 어머니이지만 아이의 미래에 대해서 아는 것이 없었습니다. 자식을 잃는 것보다 더 큰 두려움이 있을까요? 마리아에게 마음에 둔 말씀, 곧 '레마'가 있었기 때문에 아들을 내놓을 수 있었습니다.

마리아가 마음에 둔 "이 모든 말"은 헬라어 '레마'의 복수형으로, 단지 그 순간의 말뿐이 아니라 지금까지의 여러 가지 말들을 포함합니다. 그동안 마리아는 많은 말을 들었고 마음에 두었습니다. 그러므로 이는 메시아 탄생을 알린 천사의 말, 목자들의 말, 시므온과 안나의 말 등을 모두 가리킵니다. 성전에서 시므온이 한 말을 들어 보십시오.

> 눅 2:34-35 시므온이 그들에게 축복하고 그의 어머니 마리아에게 말하여 이르되 보라 이는 이스라엘 중 많은 사람을 패하거나 흥하게 하며 비방을 받는 표적이 되기 위하여 세움을 받았고 또 칼이 네 마음을 찌르듯 하리니 이는 여러 사람의 마음의 생각을 드러내려 함이니라 하더라

마리아가 들은 말은 아들 예수가 장차 어떤 일들을 하게 될지에 관해서였습니다. 많은 사람이 예수로 인하여 무너지고 넘어지고, 또 일어서게 될 것을 들었습니다. 또 예수의 존재 자체가 비방을 받는 표적으로 세움을 받았고 많은 사람의 마음의 생각을 드러낼 것이라는 예언이었습니다. 그 과정을 지켜보는 마리아의 마음이 칼에 찔리듯

고통스러울 말이었습니다. 마리아의 고통은 아들 예수가 고난당할 것에 대한 고통이었습니다.

자녀가 당할 고난은 어머니에게 더한 고통입니다. '내 자녀인데…. 내 자녀가 고난을 당하게 하고 싶지 않은데….' 그러나 예수는 그렇게 하기 위해 오셨습니다. 마리아가 내려놓아야 했던 것은 내 아들이라는 소유욕이었습니다. 이 모든 말이 마음에 있지만, 그 순간 "성전은 내 아버지 집"이라는 예수의 대답은 마리아의 마음을 찢어 놓았을 것입니다. 예수는 내 것이 아니라 하늘에 계신 아버지 소유임을 인정해야 했습니다. 하나님을 신뢰하고 아들을 내어 놓는 일은 어려웠습니다. 하지만 그 순간 마리아의 소유욕을 포기하게 한 힘은 그 모든 말을 마음에 담아 두는 일이었습니다.

그러면 나의 자녀는 어떤가요? 저에게도 자녀를 뺏길 것 같은 두려움이 있었습니다. 딸은 어려서부터 선교 비전을 가졌습니다. 불어를 전공한 이유도 중동이나 아프리카에 선교하러 가고 싶은 마음 때문이었습니다. 그 사실을 알고는 있었으나 그곳에 보내고 싶지 않은 마음이 제 안에 계속 있었습니다.

언젠가 예배를 드리는데 성경 본문이 청지기에 대한 것이었습니다. 갑자기 제 마음속에 성령이 강렬하게 임하셔서 내가 어머니로서 청지기임을 말씀해 주셨습니다. 청지기를 나에게 이해시키시는데, 이런 비유로 말씀하셨습니다. 제가 제 아이들의 친부모가 아니라 '위탁모'라고 하셨습니다. 위탁모는 아이가 장차 진정한 부모를 만나기 전 잠깐 내 집에 데리고 와서 돌보는 역할을 하는 사람입니다. 위탁모는 아이를 먹이고 입히고 사랑하지만 아이의 장래에 대해 권한이 없습니다. 진정한 부모가 아이를 데려가려 할 때 위탁모가 막아선다면 월권입니다.

아이를 데려갈 부모가 나보다 더 책임감을 가지고 아이를 사랑할 것입니다. 자신은 능력도 권리도 없지만 아이가 그처럼 좋은 부모를 만나는 것이 위탁모의 기쁨입니다. 물론 마음에 넘겨주는 아픔과 슬픔이 큽니다. 위탁모에게는 헤어지고 떠나보내는 슬픔이 있습니다.

예배를 드린 그날 딸에게 깨달은 바를 말하며 내가 위탁모임을 고백했습니다. 그러나 그 말을 얼마나 알아들었을까요. 저 역시 아직도 제가 위탁모인 것을 받아들이기가 쉽지 않습니다. 저는 계속 아이를 맡을 자신도 없으면서 쉽게 마음을 정리하지 못하는 위탁모임이 분명합니다.

그 후 딸과 둘이 제주도에 놀러 간 적이 있습니다. 늦은 밤에 도착해서 펜션을 찾아가야 했습니다. 내비게이션이 가르쳐 주는 대로 가고 있는데 꼬불꼬불 밭 사이를 한없이 들어갔습니다. 인터넷으로 예약한 펜션이 산 바로 아래에 있었던 것입니다. 한 치 앞도 안 보이는 길을 자동차 빛이 비추어 주는 바로 앞만을 보며 운전해 갔습니다. 갑자기 노루가 튀어나와 깜짝 놀라기도 했습니다. 그때 운전하던 딸이 말했습니다. "엄마, 이게 바로 '주의 말씀은 내 발에 등이요 내 길에 빛이니이다'(시 119:105) 하는 거야."

딸은 요르단에 단기 선교를 갔을 때 매일 시리아 난민 아이들에게 가기 위해 한 시간이 넘는 길을 운전해 다녔습니다. 그곳은 고속도로에도 차선이 없고 가로등도 없어서 칠흑같이 어두웠는데 그때 그 말씀이 실감났다고 했습니다. '그랬구나….' 저는 그때 딸에게 아무 힘이 되어 주지 못했지만 이미 주께서 내 아이의 발에 등처럼, 그 길에 빛처럼 인도하셨습니다.

하나님이 나와 너의 진정한 부모이시다

두려울 때 내 마음은 광풍을 만난 것 같습니다. 사도행전을 큐티할 때 주님은 이런 마음에 확신을 주셨습니다. 사도행전 27장에는 사도 바울이 탄 배에 유라굴로라는 광풍이 크게 일어난 일이 기록되어 있습니다. 배의 짐을 다 버리고, 여러 날 동안 해도 별도 보이지 않고, 먹지도 못했습니다. 배에 있는 모든 사람이 자기들은 죽을 것이라고 예상했지만 사도 바울은 그렇게 생각하지 않았습니다. 왜냐하면 이 사건이 있기 전날 밤 하나님의 사자가 전해 준 약속의 말씀이 있었기 때문입니다.

> 행27:23-25 내가 속한 바 곧 내가 섬기는 하나님의 사자가 어젯밤에 내 곁에 서서 말하되 바울아 두려워하지 말라 네가 가이사 앞에 서야 하겠고 또 하나님께서 너와 함께 항해하는 자를 다 네게 주셨다 하였으니 그러므로 여러분이여 안심하라 나는 내게 말씀하신 그대로 되리라고 하나님을 믿노라

모든 것이 무너지고 광풍이 휘몰아치는 때도 하나님은 그분의 목적을 이루십니다. 바울을 가이사 앞에 세워 증언하게 하시려는 목적이 하나님께는 있었습니다. 부모인 우리에게는 자녀에게 광풍이 닥칠 것 같은 두려움이 있습니다. 절망스러운 상황 속에서 '하나님이 지켜 주실까?' 하고 의심하기도 합니다. 그러나 "네가 가이사 앞에 서야 하겠고" 같은 하나님의 목적이 있기 때문에 광풍이 우리 자녀를 해할 수 없습니다. 바울에게처럼 광풍이 일기 전에 말씀해 주실 것을 믿습니다.

바울이 "여러분이여 안심하라 나는 내게 말씀하신 그대로 되리라고 하나님을 믿노라"라고 한 말은 내가 먼저 나 자신에게 해야 하는 말입니다. 두려울 때 나 자신에게 이렇게 선포해야 합니다. "안심하라. 나는 내게 말씀하신 그대로 되리라고 하나님을 믿노라!" 그 말씀으로 나만 사는 것이 아니라, 하나님이 내 자녀도 나와 함께 살리실 것을 믿습니다. 약속의 말씀은 내가 지금 당하는 어떤 상황에도 하나님의 뜻과 계획은 좌절되지 않는다고 말합니다.

마리아가 마음에 둔 '레마'의 말씀들은 마리아는 이해하지 못해도 하나님의 뜻과 계획은 좌절되지 않음을 알려 줍니다. 예수님은 예언의 성취로 오셨고, 말씀대로 다 성취하셨습니다. 그런 하나님이 나와 내 자녀에게 아무 계획이 없으시다고 믿는 것이 더 어렵습니다. 하나님을 신뢰하지 못할 때 내게 있는 두려움은 내게서 그치는 것이 아니라 자녀에게로 옮겨집니다. 자녀의 어떤 모습을 볼 때 화가 나요? 자녀를 보고 화가 치밀어 오를 때에는 '나는 무엇을 두려워하는가?'

하고 돌아보아야 합니다. 내 능력이 자녀의 미래까지 책임질 수 없기 때문에 두려운 것 아닙니까?

그러므로 두려울 때 우리는 혈기를 낼 것이 아니라 능력 있는 하나님 앞에 자녀를 데려가야 합니다. "하나님, 저는 이 아이의 미래를 책임질 능력이 없는 부모입니다. 그래서 두렵습니다. 그러나 하나님은 이 아이의 미래를 두려워하지 않고 계획을 이루실 것을 믿습니다." 자녀들은 부모가 보여 주는 하나님을 먼저 관찰합니다. 자기 삶 속에서 하나님을 경험한 아이들은 하나님을 붙잡습니다. 부모는 자녀들이 '하나님이 목적을 가지고 나를 만드셨구나' 하는 자기 정체성을 찾도록 기도해 주어야 합니다.

청년 몇 명과 함께 기도할 기회가 있었습니다. 그런데 신앙이 좋은 청년들인데도 부모와 소통하지 않는 문제가 있었습니다. 부모님이 말만 하면 짜증난다고, 뻔한 말, 똑같은 말만 되풀이해서 말하기 싫다고, 그래서 집에 들어가면 자기 방에만 있고 필요한 말만 한다고 했습니다. '세상의 많은 장성한 자녀들이 부모와 이런 관계를 가진다 해도 믿음을 가진 부모는 무엇이 달라야 하고, 믿음을 가진 자녀는 무엇이 달라야 하나?' 하는 의문이 들어 주님께 기도하며 묻기 시작했습니다.

기도하며 물을 때 하나님이 가르쳐 주신 것이 있습니다. 부모가 장성한 자녀를 하나님의 눈이 아니라 염려와 두려움으로 본다는 것입니다. 그래서 자녀들이 부모에게 짜증이 나고 부모의 말이 잔소리로 들리는 것입니다. 우리가 하나님이 보시는 대로, 약속의 말씀대로 자녀를 보아야 하는데 그러지 못할 때 자녀들은 그것을 느낍니다. 두려움과 염려로 하는 말은 아무 능력이 없습니다. 두려움과 염려는 어떤 말씀도 열매 맺지 못하게 합니다. 우리가 흘려보낸 두려움과 염려를 회개해야 합니다.

또 한 가지, 청년들은 부모에게 짜증이 난 것이 아니라 그 안에 하나님에 대한 원망이 있다는 것을 알려 주셨습니다. 요즘 직장을 얻지 못하고, 결혼을 하지 못하고, 또 금수저나 흙수저 등의 세상 가치관으로 비교당하며 꿈을 이루지 못하는 현실 때문에 좌절하는 청년들이 얼마나 많은가요? 그 좌절된 마음 안에는 하나님을 원망하는 마음이 있다는 것입니다. '하나님이 왜 나를 내버려 두시는가? 하나님은 선하시다면서, 전능하시다면서, 나를 사랑하신다면서 지금 나의 모습은 왜 이런가? 나의 상황은 왜 이런가?' 우리는 자녀들의 마음이 회복되기를 기도해 주어야 합니다.

아버지의 마음을 자녀에게로 돌이키게 하고, 자녀들의 마음을 그들의 아버지에게로 돌이키게 해야 합니다(말 4:6). 하나님은 한 번도 그들을 떠나신 적이 없으며 그들을 위한 계획을 가지고 계심을 믿으며, 하나님이 주시는 소망을 품도록 자녀들을 위해 기도해야 합니다. 부모가 먼저 그렇게 살아야 합니다.

하나님이 부모로서 내가 청지기임을, 내 자녀가 아니라 하나님의 자녀인 것을 알려 주실 때 제가 위탁모인지 몰라서 월권행위를 하고 불신했던 것을 회개했습니다. 성령이 임하셔서 부드럽게 말씀해 주셨기에 동의가 되었고, 하나님이 내 자녀에게 그런 부모가 되어 주심에 감사했습니다.

그래도 자녀가 내 것이라 생각하고 얼마나 사랑을 쏟았는지요. 위탁모임을 알고 뒤로 물러나는 아픔이 너무 커서 저는 그 후에도 그 생각을 하면 눈물이 계속 흘렀습니다. 그때 주님이 다시 가르쳐 주셨습니다. "너무 슬퍼하지 마라. 너도 내게 그런 딸이다. 너도 내가 친부모 되어 책임져 주고 사랑하게 된 딸이다. 너 또한 나에게 너무도 소중하다." 그 사랑에 큰 위로를 받았습니다. '그렇지, 나도 그런 아버지를 만났지. 나도 아버지의 딸이야!' 내게도 아버지 되어 주신 하나님이 크게 다가왔습니다. 나도 그런 아버지를 만났습니다. 그러니 내 것을 빼앗기는 것처럼 전전긍긍하며 두려워할 필요가 없습니다.

나의 목표도 예수님이시고, 내 자녀의 목표도 예수님이십니다. 곁을 보지 말고 함께 앞을 보며 예수님께로 향해 가는 것입니다. 나도, 자녀도 아버지께 가는 길이 쉽지는 않습니다. 부모는 돌려 드리기를, 자녀는 찾아가기를 잘해야 합니다. 우리는 각자에게서 독립해야 합니다. 부모는 자식을 우상 삼지 말고, 자녀는 부모에게 기대지 않고, 하나님 손을 붙잡고 가야 합니다. 내 자녀도, 나도 아버지의 사랑받는 자녀이기 때문입니다. 우리는 다 내 아버지의 집에 거하는 자녀들이기 때문입니다.

우리에게는 작든 크든 자녀로 인해 받는 고통이 있습니다. 기도와 응답 사이를 지나는 많은 기도 제목이 자녀에 대한 것입니다. 자녀들이 아버지께로 돌이키기를 원하기 전에 내가 먼저 아버지께로 돌이키기를 기도해야 하겠습니다. 부모이기 전에 내가 아버지의 자녀로 살지 못한 것을 회개하며 기도해야겠습니다. 우리 자녀들이 아버지 집에 거하겠다고 고백하기를 원합니다. 자기의 하나님을 경험하기를 기도합니다. 나의 두려움과 염려를 흘려보냈던 것을 회개합니다.

마리아가 이해할 수 없는 상황에서도 마음에 둔 말씀이 있었던 것 같이, 하나님이 내 발에 등이 되시고 내 길에 빛이 되시는 말씀을 주시기를 간구합니다. 풍랑 이는 전날 밤에 말씀해 주시기를 원합니다. 이 모든 말씀이 우리 마음에 있기를 원합니다. 검과 같은 말씀을 굳게 박아 버티고 서게 하실 것을 믿습니다. 풍랑 일 때 요동치는 마음을 말씀의 닻으로 붙들어 주실 줄 믿습니다.

완고함, 영혼의 어두운 밤이 찾아오는 원인

기도와 응답 중간 시기에 우리는 신앙의 굴곡을 경험합니다. 은혜를 받고, 말씀 묵상도 잘되고, 사역도 재미있고, 기도 생활도 나름 잘 하는 때가 있는가 하면, 언제 내가 묵상하고 기도하는 사람이었나 싶을 정도로 골짜기를 지나는 때도 있습니다. 그럴 때 우리는 '지금까지 헛되이 신앙생활 했나? 나는 믿음이 있는 사람이었나? 지금까지 내 기도는 무엇이었나?' 하고 영적으로 회의에 빠집니다. 더 이상 말씀이 가깝게 다가오지 않고, 기도도 하지 않고, 사람도 만나기 싫습니다. 하나님께도 "저 건드리지 말아 주세요. 잠깐 시간이 필요해요"라고 말씀드리고 잠수 타고 싶습니다. 십자가를 감당하겠다고 수없이 많은 고백을 드렸지만 막상 내 삶에 고난이 닥쳐올 때 감당하지 못하는 모습에 실망하기도 합니다. 예수님이 계시지 않는 것 같은 부재를 경험합니다.

그런 시간은 우리가 신앙을 잃어버렸기 때문에 오는 것이 아닙니다. 그런 때를 '영혼의 어두운 밤'이라고 부릅니다. 영혼의 어두운 밤은 하나님이 허락하시는 시간입니다. 그 시간이 지나고 나면 하나님과의 관계에서 새로운 단계에 들어가게 됩니다. 영혼의 어두운 밤이 오는 이유를 알고, 영혼의 어두운 밤을 지나가는 과정과 영혼의 어두운 밤 이후 어떻게 되는지를 안다면 주님과의 관계에서 우리가 무엇을 붙잡아야 하는지를 알게 됩니다.

'영혼의 어두운 밤'이란 말은 16세기 수도사인 십자가의 성 요한(Saint John of the Cross)이 쓴 책 제목에서 따왔습니다. 부패한 수도원을 개혁하려던 그는 반대하는 수도사들에 의해 강제로 납치되어 11개월 동안 캄캄한 독방에 감금되었고 그곳에서 깊은 영혼의 어두운 밤을 체험했습니다. 그 책에 의하면, 우리가 영적인 순례의 길을 갈 때 어느 순간 영적인 초보 단계에서 한 차원 높은 성숙한 단계에 이르는데, 그때 영혼의 어두운 밤을 경험하게 된다고 합니다. 그때 영적 초보 단계에서 누리던 기쁨을 다 잃어버리는 경험을 합니다. 이것은 하나님이 그분의 방법대로 이끄시는 영혼의 정화입니다.

처음 하나님을 만나는 영적 초보 단계에서 그 영혼은 성령에 의해 보살핌을 받고, 위로를 얻고, 기쁨만을 맛보며 살아갑니다. 그래서 신앙에 몰두하고 신앙적 활동에 열심을 내면서 자칫 자기만족이나 성취감에 빠지기 쉽습니다. 하나님은 신앙 활동이 우리의 목적지가 아님을 알려 주시기 위해 영혼의 어두운 밤을 허락하십니다.

그러나 기도와 응답 중간에 영혼의 어두운 밤을 지나며 우리는 마음이 완고해지기 쉽습니다. '하나님의 인도하심을 따라가고 있는데 왜 이런 일들이 일어나는가? 과연 하나님이 나와 함께하시는가?' 하며 하나님을 향해 마음을 굳게 닫은 것을 완고함이라고 합니다. 하나님의 음성에 마음을 완고하게 하면 그분의 음성이 아무 소용없습니다. 바울은 고난을 당해 마음이 완고해진 히브리 그리스도인들에게 하나님의 말씀이 그들에게 무익했던 것은 그들이 들은 말씀과 믿음을 연합시키지 않았기 때문이라고 진단했습니다.

히4:2 그들과 같이 우리도 복음 전함을 받은 자이나 들은 바 그 말씀이 그들에게 유익하지 못한 것은 듣는 자가 믿음과 결부시키지 아니함이라

출애굽하여 광야를 지나던 이스라엘 백성도 복음을 들은 사람들이었습니다. 그러나 그들이 들은 말씀과 달리 약속의 땅 가나안까지 가지 못했던 이유는 그들이 들은 말씀과 믿음을 연합시키지 않아 불순종했기 때문입니다.

마음의 생각을 말씀 앞에 드러내라

하나님의 말씀에 믿음을 연합하지 못하고 마음이 완고한 이들에게 하나님이 주신 처방이 있습니다.

히 4:12-13 하나님의 말씀은 살아 있고 활력이 있어 좌우에 날 선 어떤 검보다도 예리하여 혼과 영과 및 관절과 골수를 찔러 쪼개기까지 하며 또 마음의 생각과 뜻을 판단하나니 지으신 것이 하나도 그 앞에 나타나지 않음이 없고 우리의 결산을 받으실 이의 눈앞에 만물이 벌거벗은 것같이 드러나느니라

마음이 완고해져서 말씀에 믿음을 연합하지 않았다는 말씀 뒤에 이 말씀이 나옵니다. 이 말씀은 문맥을 살펴보아야 합니다. 하나님의 말씀을 비유한 "좌우에 날 선 검"은 유대인들에게 아주 익숙했습니다. 그들이 제물을 죽일 때 사용한 칼입니다. '혼과 영과 관절과 골수'는 영육을 다 포함합니다. 말씀은 우리를 찔러 쪼개 마음의 생각과 의도를 분별해 냅니다. '마음을 완고하게'의 반대는 '찔러 쪼개 드러나게'입니다. 하나님이 완고함을 해결할 수 있는 방법을 알려 주신 것입니다. '찔러 쪼갬'은 죽음이고 '완고한 마음'은 죽지 않겠다는 것입니다. 내게 완고함이 있고, 믿지 않아서 안식에 들어가지 못하는 불순종이 있을 때 말씀이 내 마음의 생각과 의도를 드러내 줍니다.

말씀이 어디까지 찔러 쪼개야 하나요? 순종과 완고함 둘 사이에서 머뭇거리는 나에게 들어와 나와 불순종 사이를 떼어 놓아야 합니다. 오래된 죄악일수록 떼어 내기 힘듭니다. 죄인지 나인지 모를 정도로 찰싹 붙어서 하나가 되어 있기 때문입니다. 양을 잡아 칼로 비집고 들어가 내장, 살, 지방을 각 떠 분리하는 것처럼 내 마음의 생각이 말씀 앞에 드러나야 합니다.

완고한 마음이 있을 때, 말씀이 혼과 영을 찔러 쪼개기를 구해야 합니다. 응답이 없고 이대로 끝날 것만 같을 때, 마음을 완고하게 할 것이 아니라 도리어 내 속을 찔러 쪼개 불순종이 드러나게 해야 합니다. 찬양도, 감사도 나오지 않는다면 오늘 들은 말씀이 내 속을 찔러 쪼개 내 안의 완고함과 불순종을 드러내기를 간구해야 합니다. 말씀 앞에 벌거벗은 것같이 드러나야 합니다.

'드러나다'라는 단어는 제물의 목을 잡고 뒤로 젖히는 것을 나타냅니다. 말씀이 나를 찔러 쪼갤 때 하나님을 원망하는 마음이 드러나고, 불평이 드러나고, 분노와 미움과 용서하지 않음이 드러납니다. 그런 죄로 인해 제물은 꼼짝 못 하고 죽어야 했습니다. 이런 나의 죄 때문에 예수님이 죽어 주셨습니다. 나 대신 목에 칼을 대고 제물로 죽어 주셨습니다. 나의 실체를 직면한 사람은 나 대신 죽어 주신, 말씀이신 예수님 앞에 엎드릴 수밖에 없습니다.

우리는 하나님께 기도드릴 때 응답받는 것이 당연하다고 믿습니다. 그러나 침묵의 시간 중에도 주님의 말씀 앞에 나아와 말씀 앞에 순종하지 못하는 내가 다 드러나면 "맞습니다. 저는 불순종하는 자입니다" 하고 고백해야 합니다. 그때 하나님이 받으시는 제물이 됩니다.

영혼의 어두운 밤에는 이유가 있습니다. 우리를 온전하게 해 하나님이 뜻하신 대로 순종하게 하기 때문입니다. 우리는 이 온전함, 하나님의 목적하심보다는 당장 응답받기만을 바랍니다. 예수님은 사명 앞에 피하고 싶은 갈등과 연약함을 다 표현하셨으며, 통곡하며 눈물로 기도하는 과정을 통해 십자가를 지신 결과를 다음과 같이 생각하셨습니다.

사 53:11 **그가 자기 영혼의 수고한 것을 보고 만족하게 여길 것이라 나의 의로운 종이 자기 지식으로 많은 사람을 의롭게 하며 또 그들의 죄악을 친히 담당하리로다**

이 말씀은 메시아가 자신의 고난으로 가치 있는 열매가 맺히는 것을 보고서 과거의 모든 아픔을 다 잊어버리고 기뻐할 것이라는 예언입니다. "자기 지식"이란 메시아가 자신을 보내신 하나님의 구속 계획을 정확히 알아 그 계획에 따라 자기 자신을 대속 제물로 내어 주신 것을 말합니다. 메시아의 고난은 고난 자체로 끝나지 않고 풍성한 열매를 맺었습니다. 그 열매가 너무나 고귀하고 아름다운 것을 보면서 예수님은 만족하게 여기셨습니다. 이것이 통곡과 눈물로 부르심을 감당하신 열매입니다.

하나님이 나를 부르신 대로 살 때 영의 만족함이 있습니다. 침묵의 어두운 시간을 더 이상 견딜 힘이 없을 때 어떻게 하나요? 내가 십자가를 지지 않으면 생명을 얻을 수 없는 사람들이 있습니다. 스스로 자신을 위해 기도할 수 없어서 내가 중보의 짐을 져야 하는 사람들이 있습니다. 내가 그 십자가를 지기 싫다고 피하면 어떻게 될까요? 그 사실을 생각하고 먼저 십자가를 피하고 싶은 나 자신을 위한 통곡과 눈물의 기도가 있어야 합니다. 나의 십자가를 위한 통곡과 눈물의 기도가 있어야 합니다. 통곡과 눈물로 기도할 때 십자가 고난을 감당할 힘을 얻습니다. 속죄 제물이 진 밖에서 불살라지듯 예수님은 성문 밖 골고다 언덕에서 십자가에 달려 죽임을 당하셨습니다.

> 히 13:12-13 그러므로 예수도 자기 피로써 백성을 거룩하게 하려고 성문 밖에서 고난을 받으셨느니라 그런즉 우리도 그의 치욕을 짊어지고 영문 밖으로 그에게 나아가자

당시 종교 체제에서 성문 밖으로 나가는 것은 부정하다는 취급을 받았습니다. 성문 밖은 예수 그리스도의 골고다 십자가의 자리입니다. 그곳에서 주님은 수치와 고난을 다 당하셨고, 하나님은 우리에게 무한한 사죄의 은혜를 베풀어 주셨습니다. 수치의 자리가 영광의 자리로 반전되었습니다. 자기 십자가를 지지 않고 주님을 따를 수는 없습니다. 나의 수치를 바꾸어 영광이 되게 하시는 하나님의 반전이 있을 줄 믿습니다.

하나님을 만나기 위해서는 사람들과 일에서 떠나야 합니다. 하나님께 기도하는 자리는 고난의 자리이지만, 동시에 영광의 자리입니다. 하나님이 자신의 영광을 나타내며 우리를 만나 주시는 곳입니다.

그 자리는 우리에게 자주 버림받는 자리, 가고 싶어 하지 않는 자리, 고난의 자리입니다. 기도 시간을 가지려 하는 것부터가 방해를 만납니다. 비생산적인 일이기에 자꾸 우선순위가 뒤로 밀립니다. 성문 안, 우리 일상에서는 끊임없이 일이 있습니다.

그러나 성문 안 다른 사람들은 나가지도 않는데 스스로 사람들과 구별해 그 시간에 홀로 성 밖으로 나가 하나님을 만난다면 큰 감동을 경험하게 됩니다. 하나님은 인격적인 분이시라 만나면 반드시 감동이 있습니다. 그 힘으로 다시 사람들 안으로 들어가 살 수 있습니다. 성안의 삶을 잘 살기 위해, 이 세상에서 고난에 넘어지지 않고 열매를 맺기 위해 성 밖의 시간, 하나님을 만나는 기도의 시간이 있어야 합니다. 성안은 우리가 관계 가운데, 사명으로 인해 고난을 당하는 곳입니다. 그러나 성 밖으로 나가 하나님을 만날 때 얼굴을 맞대고 말씀해 주시는 하나님으로 인해 고난이 와도 견딜 수 있습니다. 하나님과 친밀한 시간을 가지기에 내게 있는 고난을 영광으로 받아들일 수 있습니다.

영혼의 어두운 밤은 내가 누구인가를 구체적으로 보여 줍니다. 내가 어떤 사람인지 실체를 알게 되는 시간입니다. 그런 시간을 통해 고난을 피하고 싶은 내가 드러나기 원합니다. 통곡과 눈물로 기도와 응답 중간사를 견디는 사람으로 바뀌기를 원합니다.

4
PART

기도와 응답 사이에
공동체와 함께하라

13장

서로를 붙들어 주는 기도 공동체가 중요하다

엘리야는 바알 선지자 450명과 대적하고도 이세벨이 죽이려 하자 더 이상 버틸 힘이 없어 탈진했습니다. 탈진한 그의 곁에는 함께하는 공동체가 없었습니다. 엘리야가 두려움에 빠진 이유는 하나님이 하시는 일보다 상황에 초점을 맞췄기 때문입니다. 이미 이긴 싸움임을 기억하고 두려움에 권위를 주지 않아야 했습니다. 죽기를 간구하는 기도가 아니라 대적하는 선포 기도가 필요했습니다. 그러나 그는 혼자라는 생각에 무기력해질 수밖에 없었습니다. 그래서 하나님은 동역자 엘리사를 붙여 주시고, 바알에게 무릎 꿇지 않은 7천 명을 남겨 두었다고 말씀해 주셨습니다. 이렇게 하나님은 새로운 사명과 공동체를 주시어 엘리야의 교만을 깨뜨리시고 영적으로 변화받게 하셨습니다.

엘리야가 변화된 것은 새로운 사명과 동역자를 주시는 하나님의 음성을 듣고서였습니다. 이 전투를 홀로 하고 있지 않다는 것을 하나님은 확인해 주셨습니다. 엘리야는 하나님의 세미한 말씀으로 다음 단계로 인도하심을 받았습니다. 내가 한다는 교만이 깨어질 때 하나님이 새로운 비전을 주시며 영적 도약이 일어납니다.

혼자서는 넘어질 수밖에 없다

영적으로 탈진하는 사람들의 공통점은 혼자라는 것입니다. 우리는 기적을 보고 승리했음에도 순식간에 두려움에 빠질 수 있는 존재입니다. 저 역시 혼자인 것이 편했습니다. 공동체 의식도 없었습니다. 개인적 욕구 충족에만 관심이 있었고 더 이상 사역의 확장이 일어나는 것도 원하지 않았습니다. 순전히 나 중심적이었고 하나님 나라에 관심이 없었습니다.

또한 영적인 교만이 있었기에 공동체에 속하지 못했습니다. 자기 의로는 공격받을 수밖에 없습니다. 지나치게 강한 자존심이나 자기 스스로를 높이는 마음과 자신을 실제보다 높이 평가하는 마음은 공동체와 하나 되지 못하게 합니다. 이런 교만함이 소그룹 공동체에 들어가며 산산이 깨졌고, 그것이 영적 변화의 시작이었습니다.

우리는 기도하고 응답을 바라는 시간을 지나면서 생각지도 못한 일을 당하면 대처하지 못하고 영적으로 무기력해집니다. 다윗만큼 많은 사람에게 공격당한 이가 있을까요? 그래서 다윗은 이런 기도를 드렸습니다.

시 141:5 의인이 나를 칠지라도 은혜로 여기며 책망할지라도 머리의 기름 같이 여겨서 내 머리가 이를 거절하지 아니할지라 그들의 재난 중에도 내가 항상 기도하리로다

다윗은 악인들이 공격하는 삶 가운데서 무엇이 필요한지 알았습니다. 그럴 때 나를 치고 꾸짖는 의인이 있어야 한다는 것을 알았습니다. 즉 신앙 공동체가 필요하다는 것을 깨달았습니다. 다윗은 "의인이 나를 칠지라도 은혜로 여기며"라고 했는데, 여기서 "은혜"는 히브리어로 '헤세드'입니다. 그는 의인이 자신을 치는 것을 여호와의 언약에 근거한 사랑이라고 여겼습니다.

우리에게 동역자가 있어야 합니다. 다니엘에게 세 친구가 있었고, 나오미 곁에 룻이 있었고, 다윗에게는 환난당하고 빚지고 원통한 자들이 모여든 아둘람굴 공동체가 있었습니다. 이런 소그룹 기도 공동체가 있습니까? 내가 받은 말씀을 기억나게 해 주고 그것을 놓쳤을 때 꾸짖는 의인들이 있어야 합니다. 내가 말씀을 놓치고 기도하지 않고 헤매고 있는데도 아무도 나에게 말해 주지 않는다면 보호막이 없는 것입니다. 다윗은 의인의 꾸짖음이 보호막이 되어 악인들이 자신을 칠 때 기름처럼 미끄러져 효과가 없게 할 것을 알았습니다. 그래서 신앙 공동체가 필요합니다. 기도와 응답의 중간 시기를 지날 때 견디며 하나님을 기대할 수 있게 도와주는 공동체를 꼭 곁에 두시기 바랍니다. 그럴 때 악인들로 인한 재난 중에도 계속 기도할 수 있습니다. 기도의 불이 계속 타오르게 됩니다.

14장

하나님의 뜻을 선포하는 소그룹 기도와 중보기도

우리는 속한 그룹에서 기도 제목을 내놓고 기도합니다. 소그룹에서 어떻게 무장하고 기도에 임해야 할까요?

소그룹으로 기도할 때 능력 있는 기도를 하려면 세 가지가 꼭 필요합니다. 반드시 말씀 묵상 나눔이 있어야 하고, 성령이 이끄시는 회개 기도가 선행되어야 하며, 선포 기도로 맺어야 합니다.

첫째, 각자 묵상한 말씀을 심도 있게 나눌 때 건강한 공동체가 되어 서로에게 영적 보호막이 되어 줄 수 있습니다. 말씀에 비추어 자기 내면에서 일어나는 일을 정직하고 진실되게, 서로에 대한 신뢰감을 가지고 드러내는 분위기가 중요합니다. 우리는 남은 잘 분별하나 자신은 잘 모를 수 있습니다. 자신의 내면을 드러낼 때 판단이나 정죄를 받거나 분리되지 않고 긍휼함으로 서로 기도해 주는 공동체가 필요합니다. 자신의 약한 모습까지도 다 보일 수 있는 진실한 공동체는 마치 서로 발을 씻어 주는 것과 같은 영적 경험을 공유합니다. 내가 직면한 영적 전쟁을 이해해 줄 동역자가 필요합니다. 이런 관계는 저축처럼 쌓아 가야 합니다.

둘째, 소그룹으로 기도할 때 반드시 회개 기도가 있어야 합니다. 성령이 이끄시는 회개 기도여야 합니다. 모든 기도에 앞서 이 시간에 무엇을 회개해야 하는지에 대해 성령께 주도권을 넘겨 드릴 때 성령이 내가 생각지도 못한 회개를 시키시는 경험을 하게 됩니다. 이것은 사람에 대한 두려움을 극복해야 하는 모험입니다. 그러나 정직한 회개는 보좌 앞으로 나아가는 문을 여는 열쇠가 됩니다.

셋째, 선포 기도로 맺어야 합니다. 주제별로 합심하여 기도한 후 성령이 가르쳐 주신 기도나 하나님의 말씀을 개개인이 선포하는 것입니다. 선포는 왕의 뜻을 전하는 것입니다. 우리가 기도한 모든 문제에 대한 하나님의 뜻은 이렇다고 선포할 때 하나님의 뜻만이 이루어질 것을 믿는 것입니다.

효과적인 중보기도의 원칙

소그룹으로 기도할 때 유용한 기도의 도구로 조이 도우슨(Joy Dawson)의 "효과적인 중보기도의 원칙"을 소개하겠습니다(《스릴 있고 성취감 넘치는 중보기도》 93-98p에서 발췌).

1. 하나님을 찬양한다. 실제 찬양할 수 없는 환경에서는 돌아가며 한마디

씩 말로써 하나님을 찬양한다.

2. 기도하는 데 방해가 되는 죄가 있는지 보여 주시기를 간구하고 조용히 각자 들은 후 통성으로 회개한다.

3. 대표로 조장이 성령의 도우심을 구하고 사탄을 잠잠케 하는 기도를 한다.

4. 기도 제목을 가지고 기도하든지, 기도 제목 가운데 우리가 무엇을 기도하기 원하시는지 각자 음성을 기대하며 잠잠히 듣는다.

5. 가르쳐 주신 것들을 팀원들이 돌아가며 나눌 때 리더가 기록하여 반복되는 기도 제목부터 리더의 인도로 함께 기도하기 시작한다.

6. 우리 기도를 받으시고 놀라운 일을 행하실 하나님을 찬양하며 감사로 마친다.

소그룹 기도 공동체 안에서 끊임없이 문제가 터지고 시끄러운 일들이 계속 일어납니다. 왜 신앙 공동체가 이처럼 시끄러울까요? 성막은 조용하고 웅장한 곳이 아닙니다. 죄가 드러나고, 죄가 태워지고, 죄가 사해지는 곳이기 때문입니다. 성막에서 나의 죄, 너의 죄가 처리되는 중입니다. 그러니 시끄럽고 날마다 무슨 일이 터지는 것이 당연합니다. 그것은 곧 하나님을 만나기 위해서입니다.

하나님이 모든 것을 완벽하게 갖춰서 주신 에덴동산에서도 인간은 죄를 지었습니다. 배우자 탓을 하고 하나님 탓을 했습니다. 그런 과정을 거쳐야 비로소 내 죄를 발견할 수 있습니다. 그것이 믿음 공동체요, 기도 공동체입니다. 자기감정을 표현하는 사람이 건강합니다. 죄를 고백한다는 것은 내게는 선한 능력이 없음을 고백하는 것입니다. 약점을 드러내는 것은 교만과 자기 의에서 벗어나는 길입니다. 자기가 죄인임을 아는 사람만이 하나님의 은혜를 알며, 다른 사람의 연약함도 이해합니다.

사탄은 내가 주님 앞에서 회개한 것을 사람들 앞에 내놓기 두렵게 만듭니다. 주님 앞에서 회개한 은밀한 일들을 공동체 앞에서 나눌 수 없게 합니다. 사탄은 우리의 비밀스런 것들을 밝은 빛 앞에 내어놓지 못하도록 막습니다. 빛 앞에 나설 때 우리가 자유를 얻을 수 있음을 알고 있기 때문입니다. 그런데 내가 주님 앞에서 해결한 죄를 공동체 앞에서 다 고백해야 할까요? 하나님의 말씀 두 곳을 보겠습니다.

> 약 5:16 그러므로 너희 죄를 서로 고백하며 병이 낫기를 위하여 서로 기도하라 의인의 간구는 역사하는 힘이 큼이니라

> 요일 1:9 만일 우리가 우리 죄를 자백하면 그는 미쁘시고 의로우사 우리 죄를 사하시며 우리를 모든 불의에서 깨끗하게 하실 것이요

야고보서 말씀은 우리가 서로에게 죄를 고백하고 서로를 위해 기도하라고 말하는 반면, 요한일서 말씀은 우리가 하나님께 자백하는 것에 대해 이야기하고 있습니다. 나의 실수, 잘못한 부분, 연약함을 서로에게 고백하는 것과 하나님께 나의 죄를 낱낱이 고하는 것 사이에는 차이가 있습니다. 죄를 누구에게 고백하느냐는 아주 중요합니다.

하나님은 언제나 우리의 죄를 받아 주십니다. 그분은 언제나 용서해 주십니다. 그러나 사람은 다릅니다. 어떤 이들은 우리의 처참한 고백을 듣고 나서 오히려 걸려 넘어집니다. 몰라도 될 일을 알게 되어 오히려 시험에 들기도 합니다. 또 혼자 감당하기 어려워 고백한 일들을 사방에 퍼뜨려 더 큰 상처를 입히기도 합니다.

야고보서 말씀처럼 누구와 서로 죄를 고백하며 기도해 줄 수 있을까요? 그런 사람들이 있습니까? 그런 공동체가 있는 사람은 죄 가운데 있을 때라도, 그래서 병든 중에 있을 때라도 죄를 고백하며 서로 기도해 줄 수 있습니다. 이런 관계는 오랜 시간 함께 말씀을 나누고, 서로 기도하며, 함께 믿음 안에서 자라난 성숙한 관계입니다. 우리가 무거운 죄악의 옷을 벗어 던질 수 있도록 서로 도와줄 수 있는 관계입니다. 이런 성숙한 공동체에 나의 죄나 견고한 진에 대해 고백함으로 보호막과 중보기도 둘 다를 얻을 수 있습니다.

하나님의 뜻을 선포하는 성도의 권리

기도 공동체가 기도의 끝에 선포 기도를 하는 것은 성도의 권리입니다. 바리새인들이 하나님 나라가 어느 때에 임하는지를 물었을 때 예수님은 불의한 재판관과 과부의 비유를 말씀하시며 하나님 나라가 완성될 때까지 그들이 감수해야 할 것들을 이야기하셨습니다. 하나님 나라는 믿음으로, 확신을 가지고, 항상 기도하며, 인내로 기다려야 하는 것이라고 설명해 주셨습니다.

> 눅18:3 **그 도시에 한 과부가 있어 자주 그에게 가서 내 원수에 대한 나의 원한을 풀어 주소서 하되**

과부는 불의한 재판관에게 원수에 대한 원한을 풀어 달라고 요청했습니다. 원한이 있다는 것은 정의가 이루어지지 않은 일이 있다는 뜻입니다. 성도들의 원한이 있는데 그것은 이 땅의 불의함 때문입니다. 하나님이 행하시는 정의가 이루어질 자리에 불의가 있는 것이 성도들의 원통함입니다.

우리가 기도와 응답 중간 시간을 인내해야 하는 이유도 원한 때문입니다. 배우자의 구원이 있어야 하는데 불신이 있고, 성도들의 연합이 있어야 하는데 분리가 있고, 자녀들의 형통함이 있어야 하는데 막혀 있기 때문입니다. 그래서 성도들은 정의를 위해 부르짖어야 합니다. 성도들이 정의를 위해 기도할 때 하나님의 뜻이 임하고, 불의가 물러가고, 상황이 변화되고, 억울함이 풀립니다.

> 눅18:8 **내가 너희에게 이르노니 속히 그 원한을 풀어 주시리라 그러나 인자가 올 때에 세상에서 믿음을 보겠느냐 하시니라**

예수님은 "이런 원한이 있을 때, 억울할 때, 불의가 있을 때 몇 번이라도 내게 와라. 간청하라. 불의가 없어질 때까지 간구하라"고 말씀하셨습니다. 그것이 성도의 권리라고 가르쳐 주신 것입니다. 낙심하지 말라고 하신 이유는 낙심이 죄이기 때문입니다.

우리는 문제 앞에 낙심할 게 아니라 오히려 대적해야 합니다. 배우자의 구원이 이렇게 늦게 오도록 막고 있는 원수를 향해, 하나님이 이미 그를 구원하셨으니 떠나라고 선포해야 합니다. 자녀들의 앞길을 막고 있는 원수를 향해, 하나님이 주신 비전이 있고 부르심이 있으니 썩 물러나라고 선포해야 하는 것입니다. "악한 영아! 네가 하는 말은 이루어지지 않는다! 네가 시도하는 모든 일은 수포로 돌아갈 것이다! 나는 네가 떠나갈 때까지 기도할 것이다! 네가 포기하는 것이 좋을 것이다!" 이렇게 악한 영에게 선포하며 낙심하지 말고 밤낮 부르짖어야 합니다. 자기 삶에 있는 불의함 때문에 낙심하는 것이 아니라 하나님의 뜻을 선포하는 성도의 권리를 사용해야 합니다.

시편에는 저주 시편이 있습니다. 그중 하나인 시편 109편은 다윗이 드린 기도입니다.

시109:1-3 내가 찬양하는 하나님이여 잠잠하지 마옵소서 그들이 악한 입과 거짓된 입을 열어 나를 치며 속이는 혀로 내게 말하며 또 미워하는 말로 나를 두르고 까닭 없이 나를 공격하였음이니이다

불의가 있을 때 다윗은 주님께 달려와 행동해 달라고 기도했습니다. 원수들이 악하고 거짓된 입을 열어 나를 치는 것이 우리의 원한입니다. 속이는 혀로 말해 정의가 이루어지지 않아서 원한이 생

졌습니다.

시109:4 **나는 사랑하나 그들은 도리어 나를 대적하니 나는 기도할 뿐이라**

내 사랑에 대해서 원수들이 미움으로 보답하는 것이 원한입니다. 그러나 "나는 기도할 뿐이라", 이것이 성도가 원한을 풀 수 있는 방법입니다. 하나님께 나아와 나의 원한을 아뢰야 합니다.

시편의 저주하는 기도는 하나님이 아브라함에게 약속하신 "너를 축복하는 자에게는 내가 복을 내리고 너를 저주하는 자에게는 내가 저주하리니"(창 12:3)라는 말씀, 즉 하나님이 이미 말씀하신 것을 실현해 달라고 하는 기도입니다. 내게 내린 저주가 있으니 그것을 원수들에게 돌려 달라는 것, 그들이 저지른 일을 갚아 달라고 하는 것, 그들이 내게 한 것은 하나님을 대적한 것이니 주의 이름을 위해 주께서 하신 약속으로 갚아 달라고 하는 것입니다. 이렇게 하나님의 뜻을 선포하는 것은 원수들이 한 일을 무효화시킵니다.

원한을 풀어 달라는 기도는 재판관이신 하나님께 나아가서 이런저런 불의함이 있다고 아뢰는 것이 아니라 이런저런 정의가 시행되어야 한다고 기도하는 것입니다. 이것이 선포 기도입니다. 하나님의 법정 앞에서 원수들이 가져간 것을 반환해 주시기를 소송하는 것입니다. 예수님은 강한 자를 결박하시고 빼앗긴 세간을 찾아오셨습니다. 하나님이 주신 나의 유업이 필요합니다. 하나님은 우리에게 그 유업을 다시 찾아올 때까지 기도하라고 하십니다.

사 54:17 너를 치려고 제조된 모든 연장이 쓸모가 없을 것이라 일어나 너를 대적하여 송사하는 모든 혀는 네게 정죄를 당하리니 이는 여호와의 종들의 기업이요 이는 그들이 내게서 얻은 공의니라 여호와의 말씀이니라

원한이 있다고, 정의가 시행되지 않고 있다고 기도할 때 우리를 치려고 만든 무기들은 성능을 다하지 못하고, 우리를 고소해서 법정에 세우는 혀마다 도리어 패소할 것입니다. 이것이 낙심하지 않고 끝까지 기도하는 여호와의 종들이 받을 몫이고 하나님이 주신 권리입니다. 이러한 하나님의 뜻을 선포하는 것이 기도 공동체가 마지막에 드릴 기도입니다.

각자의 기름 부으심으로 협력하라

기도와 응답 중간 시기를 지나며 때로는 하나님이 내게 주신 목적에 계속 초점을 맞추는 것이 힘들고, 때로는 지루한 싸움이라 중도에 포기하고 싶을 수 있습니다. 하지만 함께하는 공동체가 있을 때 계속할 수 있습니다. 각자의 기름 부으심으로 협력해야 합니다. 우리 마음에 영적 부흥의 불씨가 꺼지지 않고 그 기름 부으심으로 날마다 활활 타오르기를 소망합니다. 기도와 응답 중간 시기를 지나는 성도들이 모여서 드리는 기도를 하나님은 반드시 들으십니다.

벧후 2:7-8 **무법한 자들의 음란한 행실로 말미암아 고통당하는 의로운 롯을 건지셨으니 (이는 이 의인이 그들 중에 거하여 날마다 저 불법한 행실을 보고 들음으로 그 의로운 심령이 상함이라)**

베드로후서에서 하나님은 죄악 된 소돔성에 사는 롯을 "의인"이라고 부르셨습니다. 창세기를 보면, 아브라함이 소돔과 고모라를 위해 기도하면서, 의인을 악인과 함께 멸하시지 말아 달라는 기도를 드렸는데, 아브라함이 말한 "의인"이 바로 롯이었습니다. 하나님이 롯을 의인이라 부르신 이유는 그가 소돔 사람들의 불법한 행실을 보고 들을 때 고통받고 상처를 입었기 때문입니다. 이 고통받는 모습은 원문으로는, 어떤 피할 수 없는 무거움 아래에서 압제당하고 있는 모습을 가리킵니다. 롯의 의로운 영혼이 눌려 있었던 것입니다. 그 역시 불법한 죄인이었다면 이런 고통을 전혀 느끼지 않았을 것입니다.

롯의 내적 괴로움은 주변의 악한 무리와 그들의 행동에 대한 분노가 롯에게 있었음을 말해 줍니다. 비록 롯은 그들 가운데 살면서 적극적으로 그들에게 대항하지는 못했습니다. 하지만 그의 심령에 나타난 이런 괴로움을 보신 하나님은 그를 의로운 자라고 인정하셨습니다. 하나님이 죄악 된 세상의 틈바구니에 끼어 살면서 영적으로 탄식하는 의인의 고통을 아신다는 사실에 큰 위로를 받습니다.

소돔과 고모라의 불의를 보고 롯 외에 누가 부르짖었을까요? 아브라함은 소돔과 고모라를 위한 중보자였습니다. 아들과 같은 조카 롯이 사는 곳이 불의로 가득 찬 것을 보고 롯을 걱정하며 그곳을 하나님께 올려 드리며 중보했을 것입니다. 그래서 하나님은 소돔과 고모라를 멸하러 가시는 길에 아브라함에게 들르셔서 "내가 하려는 것을 아브라함에게 숨기겠느냐"(창 18:17)라고 말씀하셨습니다. 중보자에게 하나님의 뜻을 숨기지 않으셨습니다. 그 도시를 구하기 원하셨기 때문입니다. 그 안의 생명들을 구하려는 것이 하나님의 뜻입니다.

> 창 18:20-21 여호와께서 또 이르시되 소돔과 고모라에 대한 부르짖음이 크고 그 죄악이 심히 무거우니 내가 이제 내려가서 그 모든 행한 것이 과연 내게 들린 부르짖음과 같은지 그렇지 않은지 내가 보고 알려 하노라

아브라함과 롯이 부르짖을 때 하나님은 그 소리를 들으셨습니다. 그래서 "과연 내게 들린 부르짖음과 같은지 그렇지 않은지" 판결을 내리기 위해 임하십니다. 기도와 응답 중간 시간에 우리의 기도가 하나님의 뜻과 연합한 기도가 되면 하나님이 임하시리라 믿습니다. 하나님의 뜻에 연합해서 전심으로 부르짖을 때 그 소리를 듣고 하나님이 임하셔서 구원하실 것입니다.

하나님의 임재를 구하는 기도가 성도를 이 세상과 구별되게 합니다. 환난 가운데서도 인내하는 성도들에게 하나님은 이렇게 말씀하십니다.

> 벧전 5:10 모든 은혜의 하나님 곧 그리스도 안에서 너희를 부르사 자기의 영원한 영광에 들어가게 하신 이가 잠깐 고난을 당한 너희를 친히 온전

하게 하시며 굳건하게 하시며 강하게 하시며 터를 견고하게 하시리라

은혜의 하나님이 우리를 부르셨습니다. 그 부르심의 목적은 그분의 영원한 영광 가운데 들어가게 하시기 위해서입니다. "영원한 영광"과 '잠시 받는 고난'이 대조되고 있습니다. "온전하게 하시며"는 원어로 '찢어진 그물을 깁는 것과 같이' 상처 나고 부족한 것을 바로잡아 완전하게 하시는 것을 뜻합니다. 기도와 응답 중간 시간이 길어질수록 우리는 상처받기도 하고 찢어지기도 할 것입니다. 그러나 하나님이 반드시 바로잡아 주겠다고 약속하셨습니다. 마치 심판이 없는 것처럼 살아가는 세상에서 우리를 온전하게 하시고, 굳건히 세우시고, 강하게 하시고, 견고하게 하실 것이라는 하나님의 약속은 한마디 한마디가 현재의 시간을 견디게 해 주는 말씀입니다.

하박국은 자신의 부르짖음에 응답하지 않으시는 하나님께 질문했습니다. 그리고 하나님이 하실 말씀을 듣기 위해 파수하는 곳에 올랐습니다. 그가 파수하는 곳에 섰다는 것은 풀리지 않는 의혹에 대해 하나님이 응답해 주실 것을 소망하는 간절한 기대를 나타냅니다.

하박국이 파수하는 곳으로 올라간 것과 같이, 파수꾼은 자신이 파수하는 곳에 서 있어야 하는 이유를 분명히 아는 사람입니다. 그 시간에 파수꾼은 자신의 목적을 내려놓고 자기를 세워 놓은 이의 목적을 붙잡습니다.

파수꾼은 아침이 온다는 사실을 의심하지 않습니다. 중요한 것은 기다림입니다. 그리고 분명 아침은 온다고 신뢰하는 것입니다. 파수꾼은 시간에 민감합니다. 밤을 지내는 동안 시계를 여러 번 들여다볼 것입니다. 하나님도 시계를 보며 일하십니다. 계획하신 대로 일하시기 위해서입니다. 하나님의 시계는 지금도 움직이고 있습니다. 파수꾼 같은 성도는 하나님의 시간에 관심이 있습니다. '나의 기도에 하나님이 언제, 어떻게 일하실까?'를 생각합니다. 졸지도 주무시지도 않는 하나님께 시선을 고정한 채 살아갑니다. 구원을 기대합니다. 그래서 말씀을 들어야 합니다.

> 합2:1 내가 내 파수하는 곳에 서며 성루에 서리라 그가 내게 무엇이라 말씀하실는지 기다리고 바라보며 나의 질문에 대하여 어떻게 대답하실는지 보리라 하였더니

하나님은 기도의 응답을 바라는 하박국에게 그 시대를 견딜 말씀을 주셨습니다.

> 합2:4 의인은 그의 믿음으로 말미암아 살리라

의인은 하나님을 향한 믿음으로, 하나님이 그들을 구원하실 때를 기다리며 사는 사람입니다. 하나님을 소망하는 것만으로도 입에서 나오는 고백이 달라집니다. 기도와 응답 중간 시기를 지나는 우리가 믿음의 고백을 하기를 간절히 원합니다.

기도와 응답 중간 시기를 지나며

마음이 가난해졌다면 주님이 돌보십니다.

심령에 통회한다면 주님이 돌보십니다.

하나님 말씀을 듣고 두려워한다면 주님이 돌보십니다.

그 시간을 통해 내 인생에 예수님이 오실 길이 닦입니다.

기도와 응답 중간 시기 동안 하나님이 우리를

마음이 가난하고, 심령에 통회하며, 말씀을 듣고 떠는 사람으로

만들어 가시기를 간절히 원합니다.

나 여호와가 말하노라

내 손이 이 모든 것을 지었으므로 그들이 생겼느니라

무릇 마음이 가난하고 심령에 통회하며

내 말을 듣고 떠는 자 그 사람은 내가 돌보려니와

사 66:2